明史

清　張廷玉等撰

第一册

卷一至卷一四（紀）

中華書局

圖書在版編目(CIP)數據

明史/(清)張廷玉等撰. —北京:中華書局,1974.4
(2025.6 重印)
ISBN 978-7-101-00327-7

Ⅰ.明… Ⅱ.張… Ⅲ.中國-古代史-明代-紀傳體
Ⅳ.K248.042

中國版本圖書館 CIP 數據核字(2002)第 087488 號

責任印製:管 斌

明 史

(全二十八册)

〔清〕張廷玉等 撰

*

中 華 書 局 出 版 發 行

(北京市豐臺區太平橋西里 38 號 100073)

http://www.zhbc.com.cn

E-mail:zhbc@zhbc.com.cn

北京新華印刷有限公司印刷

*

850×1168 毫米 1/32 · 281¼印張 · 5000 千字

1974 年 4 月第 1 版 2025 年 6 月第 21 次印刷

印數:134501-136000 册 定價:980.00 元

ISBN 978-7-101-00327-7

出版說明

明史三百三十二卷，清張廷玉等撰。

明朝是在元末農民大起義以後，一三六八年（洪武元年）建立的封建政權。一六四四年（明崇禎十七年），清順治元年），李自成領導的農民起義軍攻佔北京，推翻了明朝的中央政權。同年，清軍入關，分兵向農民起義軍和明朝南方勢力進攻。一六六一年（順治十八年），明朝南方勢力被消滅。明史記載了明朝自建國到滅亡將近三百年的歷史。

清朝在一六四五年（順治二年）設立明史館，一六七九年（康熙十八年）開始修史。一七三五年（雍正十三年）明史定稿，一七三九年（乾隆四年）刊行。

明史先後由張玉書、王鴻緒、張廷玉等任總裁，最後由張廷玉等定稿。先後參加具體編撰工作的人數不少，其中以萬斯同用力最多，但是他沒有擔任明史館的職名。王鴻緒就萬斯同已成的明史稿加以修訂，張廷玉等又在王鴻緒稿本的基礎上改編成爲明史。

有關明代的各種史料的編排處理，明史用大量篇幅記載了封建國家的各項制度，但很少涉及地主的莊田、佃户、田租、雇工，以及地主對雇工、莊僕、佃户的奴役。卷一六五丁瑄傳所載福建佃户送租上門及額外餽送，卷二九〇姬文胤傳所載江西新城地主用大斛徵租，這類材料爲全書所僅見。食貨志田制下附有「莊田」一節，所記限於皇莊及諸王、勳戚、中官莊田，不只是内容簡略，而且所記皇莊偏於京畿一帶，所記勳戚又偏於戚臣。諸王傳中有一兩個傳裏提到莊田、莊租及管莊旗校，也零碎而不具體。本書有關經濟方面的記載，總的説來和前代史書一樣，根本不曾觸及階級剥削的本質。

明史爲了頌揚統治階級的「武功」，就不能不記述農民起義和各地人民的反抗鬥争。如卷三〇九及卷二五二、卷二六〇關於明末農民大起義的記載，卷一六五、卷一七二和卷一七八關於葉宗留、鄧茂七起義的記載，卷一九五關於江西及其附近地區反抗鬥争的記載，卷二五七和卷二九〇關於山東白蓮教起義的記載，以至土司傳各卷中所提到的少數民族的反抗鬥争，雖然編者作了這樣那樣的歪曲，還是保留了一些可供我們分析參考的資料。

地理志比較系統地記載了當時的行政區劃。天文志、曆志和河渠志包含了不少科學技術方面的資料，並反映了一些明代新的成就。但天文志和曆志，仍不能完全擺脱封建史書中傳統的神秘色彩。

明史新創了閹黨傳和土司傳。土司傳、外國傳、西域傳，有些地方混淆了國内國外的區別，這是很錯誤的。但也保存了一部份有用的資料。

有些記載未必是編者有意保存下來的，在今天看來，却有一定的參考價值。如卷八一說永樂初年全國軍户不下二百萬家，卷一五七說宣德初年軍匠户二萬六千家，屬二百四十衛所，卷二八一說山東武定州户口，半是軍户；又如卷八九記洪武間京衛卒二十萬七千八百多人，卷二三三透露，在畿輔一帶軍屯土地被侵佔的達九千六百餘頃。這些都是關於當時兵制的重要記載。卷一五七記景泰年間張鳳上疏說「國初天下田八百四十九萬餘頃，今數既減半」，這是重要的政治經濟史料，可補食貨志之不足。以上僅僅是幾個例子，如果進一步剔求，或可有更多的發現。

明史雖以明史稿爲藍本，但在編排上要整齊一些。從史料來說，兩書互有詳略。明實録是一部原始史料，内容當然比明史詳得多，但明史的個别記載也有不見於明實録的。儘管除明實録、明史稿以外，有關明代的史料數量還很多，而明史究竟是一部經過整理的書，比較便於檢閱。只要我們用馬克思主義的觀點進行具體分析，它還可以有助於我們對明代歷史的瞭解。

現用一七三九年（乾隆四年）武英殿原刊本進行標點、分段。校勘工作，主要採用了明實録和明史稿，同時也參考了明會典、寰宇通志、明一統志、明經世文編、國榷、綏寇紀略、懷陵流寇始終録等書。

本書的點校，由鄭天挺同志及南開大學明清史研究室完成點校初稿，白壽彝、王毓銓、周振甫同志復閲定稿，魏連科同志擔任編輯整理工作。點校中的錯誤和缺點，希望讀者指正。

中華書局編輯部

明史目錄〔一〕

卷一百十七　列傳第五

諸王二

卷一百十八 列傳第六

諸王三

卷一百十九　列傳第七

諸王四

卷一百二十　列傳第八

諸王五

卷一百二十一　列傳第九

公主

卷一百二十二　列傳第十

卷一百二十三　列傳第十一

卷一百二十七　列傳第十五

卷一百二十八　列傳第十六

卷一百二十九　列傳第十七

卷一百三十　列傳第十八

卷一百三十一　列傳第十九

卷一百三十二　列傳第二十

卷一百三十四　列傳第二十二

卷一百三十五　列傳第二十三

卷一百三十六　列傳第二十四

卷一百三十七　列傳第二十五

卷一百三十八　列傳第二十六

卷一百三十九 列傳第二十七

卷一百四十 列傳第二十八

卷一百四十四　列傳第三十二

卷一百四十五　列傳第三十三

卷一百四十六　列傳第三十四

卷一百四十七　列傳第三十五

卷一百四十八　列傳第三十六

卷一百四十九　列傳第三十七

卷一百五十　列傳第三十八

卷一百五十一　列傳第三十九

卷一百五十二　列傳第四十

卷一百五十五　列傳第四十三

卷一百五十六　列傳第四十四

卷一百五十七　列傳第四十五

卷一百五十八 列傳第四十六

卷一百五十九 列傳第四十七

卷一百六十　列傳第四十八

卷一百六十一　列傳第四十九

卷一百六十二　列傳第五十

卷一百六十三　列傳第五十一

卷一百六十四　列傳第五十二

卷一百六十五 列傳第五十三

卷一百六十六　列傳第五十四

卷一百六十七　列傳第五十五

卷一百七十二　列傳第六十

卷一百七十三　列傳第六十一

卷一百七十四　列傳第六十二

卷一百七十五　列傳第六十三

卷一百八十一　列傳第六十九

卷一百八十二　列傳第七十

卷一百八十三　列傳第七十一

卷一百八十四　列傳第七十二

卷一百八十五　列傳第七十三

卷一百八十六　列傳第七十四

卷一百八十七　列傳第七十五

卷一百八十八　列傳第七十六

卷一百八十九　列傳第七十七

卷二百　列傳第八十八

卷二百一　列傳第八十九

卷二百二　列傳第九十

卷二百五　列傳第九十三

卷二百六　列傳第九十四

卷二百八　列傳第九十六

卷二百九 列傳第九十七

卷二百十 列傳第九十八

卷二百十一　列傳第九十九

卷二百十二　列傳第一百

卷二百十六　列傳第一百四

卷二百二十　列傳第一百八

卷二百二十一　列傳第一百九

卷二百二十四　列傳第一百十二

卷二百二十五　列傳第一百十三

卷二百二十六　列傳第一百十四

卷二百四十一　列傳第一百二十九

卷二百四十二　列傳第一百三十

卷二百四十六　列傳第一百三十四

卷二百四十七　列傳第一百三十五

卷二百四十八　列傳第一百三十六

卷二百五十八　列傳第一百四十六

卷二百五十九　列傳第一百四十七

卷二百六十　列傳第一百四十八

卷二百六十一　列傳第一百四十九

卷二百六十七　列傳第一百五十五

卷二百六十八　列傳第一百五十六

卷二百六十九　列傳第一百五十七

卷二百七十 列傳第一百五十八

卷二百七十一 列傳第一百五十九

卷二百七十六 列傳第一百六十四

卷二百七十七　列傳第一百六十五

卷二百七十八　列傳第一百六十六

卷二百七十九　列傳第一百六十七

卷二百八十二 列傳第一百七十

儒林一

卷二百八十三　列傳第一百七十一

儒林二

卷二百八十四 列傳第一百七十二

儒林三

卷二百八十五 列傳第一百七十三

文苑一

卷二百八十六　列傳第一百七十四

文苑二

卷二百八十七　列傳第一百七十五

文苑三

卷二百八十八　列傳第一百七十六

文苑四

卷二百八十九　列傳第一百七十七

忠義一

卷二百九十　列傳第一百七十八

忠義二

卷二百九十一 列傳第一百七十九

忠義三

卷二百九十二　列傳第一百八十

忠義四

卷二百九十三　列傳第一百八十一

忠義五

卷二百九十六　列傳第一百八十四

孝義一

卷二百九十七　列傳第一百八十五

孝義二

卷二百九十八　列傳第一百八十六

隱逸

卷二百九十九　列傳第一百八十七

方伎

卷三百　列傳第一百八十八

外戚

卷三百一 列傳第一百八十九

列女一

卷三百二　列傳第一百九十

列女二

卷三百三　列傳第一百九十一

列女三

卷三百六　列傳第一百九十四

閹黨

卷三百七　列傳第一百九十五

佞倖

卷三百十四　列傳第二百二

雲南土司二

卷三百十五　列傳第二百三

雲南土司三

卷三百十六　列傳第二百四

貴州土司

卷三百二十六　列傳第二百十四

外國七

卷三百二十七　列傳第二百十五

外國八

卷三百二十八　列傳第二百十六

外國九

卷三百二十九　列傳第二百十七

西域一

卷三百三十　列傳第二百十八

西域二

校勘記

〔一〕本書目錄原分四卷，從卷一到卷一百十二爲明史目錄卷一，從卷一百十三到卷一百八十九爲明史目錄卷二，從卷一百九十到卷二百八十爲明史目錄卷三，從卷二百八十一到卷三百三十二爲明史目錄卷四。今不分卷。又本書「明史目錄卷一」後列有「本紀二十四卷」「志七十五卷」「表一十三卷」「列傳二百二十卷　凡三百三十二卷」四行，今删。

〔二〕本書總目原作「惠帝」，傳目作「恭閔帝」，不一致，今改從傳目。

〔三〕胡克儉　本書總目與傳目都作「扶克儉」，今據本傳改歸一律。

明史卷一

本紀第一

太祖一

太祖開天行道肇紀立極大聖至神仁文義武俊德成功高皇帝，諱元璋，字國瑞，姓朱氏。先世家沛，徙句容，再徙泗州。父世珍，始徙濠州之鍾離。生四子，太祖其季也。母陳氏。方娠，夢神授藥一丸，置掌中有光，吞之寤，口餘香氣。及產，紅光滿室。自是，夜數有光起。鄰里望見，驚以为火，輒奔救，至則無有。比長，姿貌雄傑，奇骨貫頂。志意廓然，人莫能測。

至正四年，旱蝗，大饑疫。太祖時年十七，父母兄相繼歿，貧不克葬。里人劉繼祖與之地，乃克葬，卽鳳陽陵也。太祖孤無所依，乃入皇覺寺爲僧。逾月，遊食合肥。道病，二紫衣人與俱，護視甚至。病已，失所在。凡歷光、固、汝、潁諸州三年，復還寺。當是時，元政不綱，盜賊四起。劉福通奉韓山童假宋後起潁，徐壽輝僭帝號起蘄，李二、彭大、趙均用起徐，衆各數萬，並置將帥，殺吏，侵略郡縣，而方國珍已先起海上。他盜擁兵據地，寇掠甚衆。天下大亂。

十二年春二月，定遠人郭子興與其黨孫德崖等起兵濠州。元將徹里不花憚不敢攻，而日俘良民以邀賞。太祖時年二十五，〔一〕謀避兵，卜於神，去留皆不吉。乃曰：「得毋當舉大事乎？」卜之吉，大喜，遂以閏三月甲戌朔入濠見子興。子興奇其狀貌，留爲親兵。戰輒勝。遂妻以所撫馬公女，卽高皇后也。子興與德崖齟齬，太祖屢調護之。秋九月，元兵復徐州，李二走死，彭大、趙均用奔濠，德崖等納之。子興禮大而易均用，均用怨之。德崖遂與謀，伺子興出，執而械諸孫氏，將殺之。太祖方在淮北，聞難馳至，訴於彭大。大怒，呼兵以行，太祖亦甲而擁盾，發屋出子興，破械，使人負以歸，遂免。是冬，元將賈魯圍濠。太祖與子興力拒之。

十三年春，賈魯死，圍解。太祖收里中兵得七百人。子興喜，署爲鎭撫。時彭、趙所部暴橫，子興弱，太祖度無足與共事，乃以兵屬他將，獨與徐達、湯和、費聚等南略定遠。計降驢牌寨民兵三千，與俱東。夜襲元將張知院於橫澗山，收其卒二萬。道遇定遠人李善長，與語大悅，遂與俱攻滁州，下之。

是年，張士誠據高郵，自稱誠王。

十四年冬十月，元丞相脫脫大敗士誠於高郵，分兵圍六合。太祖曰：「六合破，滁且不免。」與耿再成軍瓦梁壘，救之。力戰，衞老弱還滁。元兵尋大至，攻滁，太祖設伏誘敗之。然度元兵勢盛且再至，乃還所獲馬，遣父老具牛酒謝元將曰：「守城備他盜耳，奈何舍巨寇戮良民。」元兵引去，城賴以完。脫脫既破士誠，軍聲大振，會中讒，遽解兵柄，江、淮亂益熾。

十五年春正月，子興用太祖計，遣張天祐等拔和州，檄太祖總其軍。太祖慮諸將不相下，秘其檄，期旦日會廳事。時席尚右，諸將先入，皆踞右，太祖故後至就左。比視事，剖決如流，衆瞠目不能發一語，始稍稍屈。議分工甓城，期三日。太祖工竣，諸將皆後。於是始出檄，南面坐曰：「奉命總諸公兵，今甓城皆後期，如軍法何。」諸將皆惶恐謝。乃搜軍中所掠婦女縱還家，民大悅。元兵十萬攻和，拒守三月，食且盡，而太子禿堅、樞密副使絆住馬、民兵元帥陳埜先分屯新塘、高望、雞籠山以絕餉道。太祖率衆破之，元兵皆走渡江。三月，郭子興卒。時劉福通迎立韓山童子林兒於亳，國號宋，建元龍鳳。檄子興子天敍爲都元帥，張天祐、太祖爲左右副元帥。太祖慨然曰：「大丈夫寧能受制於人耶。」遂不受。然念林兒勢盛可倚藉，乃用其年號以令軍中。

夏四月，常遇春來歸。五月，太祖謀渡江，無舟。會巢湖帥廖永安、俞通海以水軍千艘來附，太祖大喜，往撫其衆。而元中丞蠻子海牙扼銅城閘、馬場河諸隘，巢湖舟師不得出。忽大雨，太祖喜曰：「天助我也。」遂乘水漲從小港縱舟還，因擊海牙於峪溪口，大敗之，遂定計渡江。諸將請直趨集慶。太祖曰：「取集慶必自采石始。采石重鎭，守必固，牛渚前臨大江，彼難爲備，可必克也。」六月乙卯，乘風引帆，直達牛渚。常遇春先登，拔之。采石兵亦潰。緣江諸壘悉附。

諸將以和州饑，爭取資糧謀歸。太祖謂徐達曰：「渡江幸捷，若舍而歸，江東非吾有也。」乃悉斷舟纜，放急流中，謂諸將曰：「太平甚近，當與公等取之。」遂乘勝拔太平，執萬戶納哈出。總管靳義赴水死，太祖曰：「義士也」，禮葬之。揭榜禁剽掠。有卒違令，斬以徇，軍中肅然。改路曰府。置太平興國翼元帥府，自領元帥事，召陶安參幕府事，李習爲知府。時太平四面皆元兵。右丞阿魯灰、中丞蠻子海牙等嚴師截姑孰口，陳埜先水軍帥康茂才以數萬衆攻城。太祖遣徐達、鄧愈、湯和逆戰，別將潛出其後，夾擊之，擒埜先幷降其衆，阿魯灰等引去。

秋九月，郭天敍、張天祐攻集慶，埜先叛，二人皆戰死，於是子興部將盡歸太祖矣。埜先尋爲民兵所殺，從子兆先收其衆，屯方山，與海牙犄角以窺太平。

冬十二月壬子，釋納哈出北歸。

十六年春二月丙子，大破海牙於采石。三月癸未，進攻集慶，擒兆先，降其衆三萬六千人，皆疑懼不自保。太祖擇驍健者五百人入衞，解甲酣寢達旦，衆心始安。庚寅，再敗元兵於蔣山。元御史大夫福壽力戰死之，蠻子海牙遁歸張士誠，康茂才降。太祖入城，悉召官吏父老諭之曰：「元政瀆擾，干戈蜂起，我來爲民除亂耳，其各安堵如故。賢士吾禮用之，舊政不便者除之，吏毋貪暴殃吾民。」民乃大喜過望。改集慶路爲應天府，辟夏煜、孫炎、楊憲等十餘人，葬御史大夫福壽以旌其忠。

當是時，元將定定扼鎭江，別不華、楊仲英屯寧國，青衣軍張明鑑據揚州，八思爾不花駐徽州，石抹宜孫守處州，其弟厚孫守婺州，宋伯顏不花守衢州，而池州已爲徐壽輝將所據，張士誠自淮東陷平江，轉掠浙西。太祖既定集慶，慮士誠、壽輝强，江左、浙右諸郡爲所幷，於是遣徐達攻鎭江，拔之，定定戰死。

夏六月，鄧愈克廣德。

秋七月己卯，諸將奉太祖爲吳國公。置江南行中書省，自總省事，置僚佐。貽書張士誠，士誠不報，引兵攻鎭江。徐達敗之，進圍常州，不下。九月戊寅，如鎭江，謁孔子廟。遣儒士告諭父老，勸農桑，尋還應天。

十七年春二月，耿炳文克長興。三月，徐達克常州。

夏四月丁卯，自將攻寧國，取之，別不華降。五月，上元、寧國、句容獻瑞麥。六月，趙繼祖克江陰。

秋七月，徐達克常熟。胡大海克徽州，八思爾不花遁。

冬十月，常遇春克池州，繆大亨克揚州，張明鑑降。十二月己丑，釋囚。

是年，徐壽輝將明玉珍據重慶路。

十八年春二月乙亥，以康茂才爲營田使。三月己酉，錄囚。鄧愈克建德路。

夏四月，徐壽輝將陳友諒遣趙普勝陷池州。是月，友諒據龍興路。五月，劉福通破汴梁，迎韓林兒都之。初，福通遣將分道四出，破山東，寇秦、晉，掠幽、薊，中原大亂，太祖故得次第略定江表。所過不殺，收召才雋，由是人心日附。

冬十二月，胡大海攻婺州，久不下，太祖自將往擊之。石抹宜孫遣將率車師由松溪來援，太祖曰：「道陿，車戰適取敗耳。」命胡德濟迎戰於梅花門，大破之，婺州降，執厚孫。先一日，城中人望見城西五色雲如車蓋，以爲異，及是乃知爲太祖駐兵地。入城，發粟振貧民，改州爲寧越府。辟范祖幹、葉儀、許元等十三人，分直講經史。〔三〕戊子，遣使招諭方國珍。

十九年春正月乙巳，太祖謀取浙東未下諸路。戒諸將曰：「克城以武，戡亂以仁。吾比入集慶，秋毫無犯，故一舉而定。每聞諸將得一城不妄殺，輒喜不自勝。夫師行如火，不戢將燎原。爲將能以不殺爲武，豈惟國家之利，子孫實受其福。」庚申，胡大海克諸暨。是月，命寧越知府王宗顯立郡學。三月甲午，赦大逆以下。丁巳，方國珍以溫、台、慶元來獻，遣其子關爲質，不受。

夏四月，俞通海等復池州。時耿炳文守長興，吳良守江陰，湯和守常州，皆數敗士誠兵。太祖以故久留寧越，徇浙東。六月壬戌，還應天。

秋八月，元察罕帖木兒復汴梁，福通以林兒退保安豐。九月，常遇春克衢州，擒宋伯顏不花。

冬十月，遣夏煜授方國珍行省平章，國珍以疾辭。十一月壬寅，胡大海克處州，石抹宜孫遁。時元守兵單弱，且聞中原亂，人心離散，以故江左、浙右諸郡，兵至皆下，遂西與友諒隣。

二十年春二月，元福建行省參政袁天祿以福寧降。三月戊子，徵劉基、宋濂、章溢、葉琛至。

夏五月，徐達、常遇春敗陳友諒於池州。閏月丙辰，友諒陷太平，守將朱文遜，院判花雲、王鼎，知府許瑗死之。未幾，友諒弑其主徐壽輝，自稱皇帝，國號漢，盡有江西、湖廣地。約士誠合攻應天，應天大震。諸將議先復太平以牽之，太祖曰：「不可。彼居上游，舟師十倍於我，猝難復也。」或請自將迎擊，太祖曰：「不可。彼以偏師綴我，而全軍趨金陵，順流半日可達，吾步騎急難引還，百里趨戰，兵法所忌，非策也。」乃馳諭胡大海擣信州牽其後，而令康茂才以書紿友諒，令速來。友諒果引兵東。於是常遇春伏石灰山，徐達陣南門外，楊璟屯大勝港，張德勝等以舟師出龍江關，太祖親督軍盧龍山。乙丑，友諒至龍灣，衆欲戰，太祖曰：「天且雨，趣食，乘雨擊之。」須臾，果大雨，士卒競奮，雨止合戰，水陸夾擊，大破之。友諒乘別舸走。遂復太平，下安慶，而大海亦克信州。

初，太祖令茂才紿友諒，李善長以爲疑。太祖曰：「二寇合，吾首尾受敵，惟速其來而先破之，則士誠膽落矣。」已而士誠兵竟不出。丁卯，置儒學提舉司，以宋濂爲提舉，遣子標受經學。六月，耿再成敗石抹宜孫於慶元，宜孫戰死，遣使祭之。

秋九月，徐壽輝舊將歐普祥以袁州降。

冬十二月，復遣夏煜以書諭國珍。

二十一年春二月甲申，立鹽茶課。己亥，置寶源局。〔三〕三月丁丑，改樞密院爲大都督府。元將薛顯以泗州降。戊寅，國珍遣使來謝，飾金玉馬鞍以獻。却之曰：「今有事四方，所需者人材，所用者粟帛，寶玩非所好也。」

秋七月，友諒將張定邊陷安慶。八月，遣使於元平章察罕帖木兒。時察罕平山東，降田豐，軍聲大振，故太祖與通好。會察罕方攻益都未下，太祖乃自將舟師征陳友諒。戊戌，克安慶，友諒將丁普郎、傅友德迎降。壬寅，次湖口，追敗友諒於江州，克其城，友諒奔武昌。分徇南康、建昌、饒、蘄、黃、廣濟，皆下。

冬十一月己未，克撫州。

二十二年春正月，友諒江西行省丞相胡廷瑞以龍興降。乙卯，如龍興，改爲洪都府。謁孔子廟。告諭父老，除陳氏苛政，罷諸軍需，存恤貧無告者，民大悅。袁、瑞、臨江、吉安相繼下。二月，還應天。鄧愈留守洪都。癸未，降人蔣英殺金華守將胡大海，〔四〕郎中王愷死之，英叛降張士誠。處州降人李祐之聞變，亦殺行樞密院判耿再成反，都事孫炎、知府王道同、元帥朱文剛死之。三月癸亥，降人祝宗、康泰反，陷洪都，鄧愈走應天，知府葉琛、都事萬思誠死之。是月，明玉珍稱帝於重慶，國號夏。

夏四月己卯，邵榮復處州。甲午，徐達復洪都。五月丙午，朱文正、趙德勝、鄧愈鎮洪都。六月戊寅，察罕以書來報，留我使人不遣。察罕尋爲田豐所殺。

秋七月丙辰，平章邵榮、參政趙繼祖謀逆，伏誅。

冬十二月，元遣尚書張昶航海至慶元，授太祖江西行省平章政事，不受。察罕子擴廓帖木兒致書歸使者。

二十三年春正月丙寅，遣汪河報之。二月壬申，命將士屯田積穀。是月，友諒將張定邊陷饒州。士誠將呂珍破安豐，殺劉福通。三月辛丑，太祖自將救安豐，珍敗走，以韓林兒歸滁州，乃還應天。

夏四月壬戌，友諒大舉兵圍洪都。乙丑，諸全守將謝再興叛，附於士誠。五月，築禮賢館。友諒分兵陷吉安，參政劉齊〔五〕知府朱叔華死之。陷臨江，同知趙天麟死之。陷無爲州，知州董曾死之。

秋七月癸酉，太祖自將救洪都。癸未，次湖口，先伏兵涇江口及南湖觜，遏友諒歸路，檄信州兵守武陽渡。友諒聞太祖至，解圍，逆戰於鄱陽湖。友諒兵號六十萬，聯巨舟爲陣，樓櫓高十餘丈，綿亙數十里，旌旗戈盾，望之如山。丁亥，遇於康郎山，太祖分軍十一隊以禦之。戊子，合戰，徐達擊其前鋒，俞通海以火礮焚其舟數十，殺傷略相當。友諒驍將張定邊直犯太祖舟，舟膠於沙，不得退，危甚。常遇春從旁射中定邊，通海復來援，舟驟進水湧，太祖舟乃得脫。己丑，友諒悉巨艦出戰，諸將舟小，仰攻不利，有怖色。太祖親麾之，不前，斬退縮者十餘人，人皆殊死戰。會日晡，大風起東北，乃命敢死士操七舟，實火藥蘆葦中，縱火焚友諒舟。風烈火熾，烟焰漲天，湖水盡赤。友諒兵大亂，諸將鼓噪乘之，斬首二千餘級，焚溺死者無算，友諒氣奪。辛卯，復戰，友諒復大敗。於是斂舟自守，不敢更戰。壬辰，太祖移軍扼左蠡，友諒亦退保渚磯。相持三日，其左、右二金吾將軍皆降。友諒勢益蹙，忿甚，盡殺所獲將士。而太祖則悉還所俘，傷者傅以善藥，且祭其親戚諸將陣亡者。八月壬戌，友諒食盡，趨南湖觜，爲南湖軍所遏，遂突湖口。太祖邀之，順流搏戰，及於涇江。涇江軍復遮擊之，友諒中流矢死。張定邊以其子理奔武昌。

九月，還應天，論功行賞。先是，太祖救安豐，劉基諫不聽。至是謂基曰：「我不當有安豐之行，使友諒乘虛直擣應天，大事去矣。乃頓兵南昌，不亡何待。友諒亡，天下不難定也。」壬午，自將征陳理。是月，張士誠自稱吳王。

冬十月壬寅，圍武昌，分徇湖北諸路，皆下。十二月丙申，還應天，常遇春留督諸軍。

二十四年春正月丙寅朔，李善長等率羣臣勸進，不允。固請，乃卽吳王位。建百官。以善長爲右相國，徐達爲左相國，常遇春、俞通海爲平章政事，諭之曰：「立國之初，當先正紀綱。元氏闇弱，威福下移，馴至於亂，今宜鑒之。」立子標爲世子。二月乙未，復自將征武昌，陳理降，漢、沔、荆、岳皆下。三月乙丑，還應天。丁卯，置起居注。庚午，罷諸翼元帥府，置十七衞親軍指揮使司，命中書省辟文武人材。

夏四月，建祠，祀死事丁普郎等於康郎山，趙德勝等於南昌。

秋七月丁丑，徐達克廬州。戊寅，常遇春徇江西。八月戊戌，復吉安，遂圍贛州。達徇荆、湘諸路。九月甲申，下江陵，夷陵、潭、歸皆降。
冬十二月庚寅，達克辰州，遣別將下衡州。

二十五年春正月己巳，徐達下寶慶，湖湘平。常遇春克贛州，熊天瑞降。遂趨南安，招諭嶺南諸路，下韶州、南雄。甲申，如南昌，執大都督朱文正以歸，數其罪，安置桐城。二月己丑，福建行省平章陳友定侵處州，參軍胡深擊敗之，遂下浦城。丙午，士誠將李伯昇攻諸全之新城，李文忠大敗之。

夏四月庚寅，常遇春徇襄、漢諸路。五月乙亥，克安陸。己卯，下襄陽。〔六〕六月壬子，朱亮祖、胡深攻建寧，戰於城下，深被執，死之。

秋七月，令從渡江士卒被創廢疾者養之，死者贍其妻子。九月丙辰，建國子學。

冬十月戊戌，下令討張士誠。是時，士誠所據，南至紹興，北有通、泰、高郵、淮安、濠、泗，又北至於濟寧。乃命徐達、常遇春等先規取淮東。閏月，圍泰州，克之。十一月，張士誠寇宜興，徐達擊敗之，遂自宜興還攻高郵。

二十六年春正月癸未，士誠窺江陰，太祖自將救之，士誠遁，康茂才追敗之於浮子門。

太祖還應天。二月，明玉珍死，子昇自立。三月丙申，令中書嚴選舉。徐達克高郵。

夏四月乙卯，襲破士誠將徐義水軍於淮安，義遁，梅思祖以城降。濠、徐、宿三州相繼下，淮東平。甲子，如濠州省墓，置守塚二十家，賜故人汪文、劉英粟帛。置酒召父老飲極歡，曰：「吾去鄉十有餘年，艱難百戰，乃得歸省墳墓，與父老子弟復相見。今苦不得久留歡聚爲樂。父老幸教子弟孝弟力田，毋遠賈，濱淮郡縣尚苦寇掠，父老善自愛。」令有司除租賦，皆頓首謝。辛未，徐達克安豐，分兵敗擴廓於徐州。夏五月壬午，至自濠。庚寅，求遺書。

秋八月庚戌，改築應天城，作新宮鍾山之陽。辛亥，命徐達爲大將軍，常遇春爲副將軍，帥師二十萬討張士誠。御戟門誓師曰：「城下之日，毋殺掠，毋毀廬舍，毋發丘壟。士誠母葬平江城外，毋侵毀。」既而召問達、遇春，用兵當何先。遇春欲直擣平江。太祖曰：「湖州張天騏、杭州潘原明爲士誠臂指，平江窮蹙，兩人悉力赴援，難以取勝。不若先攻湖州，使疲於奔命，羽翼既披，平江勢孤，立破矣。」甲戌，敗張天騏於湖州，士誠親率兵來援，復敗之於皂林。九月乙未，李文忠攻杭州。

冬十月壬子，遇春敗士誠兵於烏鎮。十一月甲申，張天騏降。辛卯，李文忠下餘杭，潘原明降，旁郡悉下。癸卯，圍平江。十二月，韓林兒卒。以明年爲吳元年，建廟社宮室，祭告山川。所司進宮殿圖，命去雕琢奇麗者。

是歲，元擴廓帖木兒與李思齊、張良弼搆怨，屢相攻擊，朝命不行，中原民益困。

二十七年春正月戊戌，諭中書省曰：「東南久罹兵革，民生凋敝，吾甚憫之。且太平、應天諸郡，吾渡江開創地，供億煩勞久矣。今比戶空虛，有司急催科，重困吾民，將何以堪。其賜太平田租二年，應天、鎭江、寧國、廣德各一年。」二月丁未，傅友德敗擴廓將李二於徐州，執之。三月丁丑，始設文武科取士。

夏四月，方國珍陰遣人通擴廓及陳友定，移書責之。五月己亥，初置翰林院。是月，以旱減膳素食，復徐、宿、濠、泗、壽、邳、東海、安東、襄陽、安陸及新附地田租三年。六月戊辰，大雨，羣臣請復膳。太祖曰：「雖雨，傷禾已多，其賜民今年田租。」癸酉，命朝賀罷女樂。

秋七月丙子，給府州縣官之任費，賜綺帛及其父母妻長子有差，著爲令。己丑，雷震宮門獸吻，赦罪囚。庚寅，遣使責方國珍貢糧。八月癸丑，圜丘、方丘、社稷壇成。九月甲戌，太廟成。朱亮祖帥師討國珍。戊寅，詔曰：「先王之政，罪不及孥。自今除大逆不道，毋連坐。」辛巳，徐達克平江，執士誠，吳地平。戊戌，遣使致書於元主，送其宗室神保大王等北還。辛丑，論平吳功，封李善長宣國公，徐達信國公，常遇春鄂國公，將士賜賚有差。朱亮祖克台州。癸卯，新宮成。

冬十月甲辰，遣起居注吳琳、魏觀以幣求遺賢於四方。丙午，令百官禮儀尚左。改李善長左相國，徐達右相國。辛亥，祀元臣余闕於安慶，李黼於江州。壬子，置御史臺。癸丑，湯和爲征南將軍，吳禎副之，討國珍。甲寅，定律令。戊午，正郊社、太廟雅樂。

庚申，召諸將議北征。太祖曰：「山東則王宣反側，河南則擴廓跋扈，關、隴則李思齊、張思道梟張猜忌，元祚將亡，中原塗炭。今將北伐，拯生民於水火，何以決勝？」遇春對曰：「以我百戰之師，敵彼久逸之卒，直擣元都，破竹之勢也。」太祖曰：「元建國百年，守備必固，懸軍深入，餽餉不前，援兵四集，危道也。吾欲先取山東，撤彼屏蔽，移兵兩河，破其籓籬，拔潼關而守之，扼其戶檻。天下形勝入我掌握，然後進兵，元都勢孤援絕，不戰自克。鼓行而西，雲中、九原、關、隴可席卷也。」諸將皆曰「善」。

甲子，徐達爲征虜大將軍，常遇春爲副將軍，帥師二十五萬，由淮入河，北取中原。胡廷瑞爲征南將軍，〔七〕何文輝爲副將軍，取福建。湖廣行省平章楊璟、左丞周德興、參政張彬取廣西。己巳，朱亮祖克溫州。十一月辛巳，湯和克慶元，方國珍遁入海。壬午，徐達克沂州，斬王宣。己丑，廖永忠爲征南副將軍，自海道會和討國珍。乙未，頒大統曆。辛丑，徐達克益都。十二月甲辰，頒律令。丁未，方國珍降，浙東平。張興祖下東平，兗東州縣相繼降。己酉，徐達下濟南。胡廷瑞下邵武。癸丑，李善長帥百官勸進，表三上，乃許。甲子，告於上帝。庚午，湯和、廖永忠由海道克福州。

校勘記

〔一〕太祖時年二十五　二十五，原作「二十四」。按太祖實錄卷一，朱元璋生於元天曆元年，與本紀所稱至正四年太祖時年十七相合，至正十二年應年二十五，非二十四，今改正。

〔二〕辟范祖幹葉儀許元等十三人分直講經史　按太祖實錄卷六及國榷卷一頁二八二，至正十八年十二月，朱元璋辟范祖幹、葉儀爲諮議。旋又詔許元等十三人分直講經史，其姓名俱載實錄中，無范祖幹、葉儀。紀文將二事混而爲一，誤。

〔三〕己亥置寶源局　己亥，原作「乙亥」。按是年二月癸未朔，不得有乙亥日，據太祖實錄卷九改。

〔四〕癸未降人蔣英殺金華守將胡大海　癸未，原作「辛未」。按是年二月丁丑朔，不得有辛未日，據太祖實錄卷一〇改。

〔五〕參政劉齊　參政，原作「參將」，據本書卷一三三趙得勝傳、又卷二八九花雲傳，明史稿紀一太祖紀，太祖實錄卷一一壬寅年十二月丁亥條、又卷一二癸卯年五月己巳條改。

〔六〕己卯下襄陽　己卯，原作「乙卯」。按是年五月戊午朔，不得有乙卯日，據太祖實錄卷一五改。

〔七〕胡廷瑞爲征南將軍　本書卷一二四陳友定傳、太祖實錄卷二五洪武元年正月壬午條及壬辰條作「胡廷美」，後一條稱：「廷美卽廷瑞，避御字，改今名。」按胡廷美後又去「廷」字，單名「美」。本書卷一二九胡美傳稱「初名廷瑞，避太祖字，易名美」。

明史卷二

本紀第二

太祖二

洪武元年春正月乙亥，祀天地於南郊，卽皇帝位。定有天下之號曰明，建元洪武。追尊高祖考曰玄皇帝，廟號德祖；曾祖考曰恒皇帝，廟號懿祖；祖考曰裕皇帝，廟號熙祖；皇考曰淳皇帝，廟號仁祖；妣皆皇后。立妃馬氏爲皇后，世子標爲皇太子。以李善長、徐達爲左、右丞相，諸功臣進爵有差。丙子，頒卽位詔於天下。追封皇伯考以下皆爲王。辛巳，李善長、徐達等兼東宮官。甲申，遣使覈浙西田賦。壬辰，胡廷瑞克建寧。庚子，鄧愈爲征戍將軍，略南陽以北州郡。湯和克延平，執元平章陳友定，福建平。是月，天下府州縣官來朝。諭曰：「天下始定，民財力俱困，要在休養安息，惟廉者能約己而利人，勉之。」二月壬寅，定郊社宗廟禮，歲必親祀以爲常。癸卯，湯和提督海運。廖永忠爲征南將軍，朱亮祖副之，由海道取廣東。丁未，以太牢祀先師孔子於國學。戊申，祀社稷。壬子，詔衣冠如唐制。癸丑，常遇春克東昌，山東平。甲寅，楊璟克寶慶。三月辛未，詔儒臣修女誡，戒后妃毋預政。壬申，周德興克全州。丁酉，鄧愈克南陽。己亥，徐達徇汴梁，左君弼降。

夏四月辛丑，蘄州進竹簟，却之，命四方毋妄獻。廖永忠師至廣州，元守臣何眞降，廣東平。丁未，祫享太廟。戊申，徐達、常遇春大破元兵於洛水北，遂圍河南。梁王阿魯溫降，河南平。丁巳，楊璟克永州。甲子，幸汴梁。丙寅，馮勝克潼關，李思齊、張思道遁。五月己卯，廖永忠下梧州，潯、貴、容、鬱林諸州皆降。辛卯，改汴梁路爲開封府。六月庚子，徐達朝行在。甲辰，海南、海北諸道降。壬戌，楊璟、朱亮祖克靖江。

秋七月戊子，廖永忠下象州，廣西平。庚寅，振恤中原貧民。辛卯，將還應天，諭達等曰：「中原之民，久爲羣雄所苦，流離相望，故命將北征，拯民水火。元祖宗功德在人，其子孫罔恤民隱，天厭棄之。君則有罪，民復何辜。前代革命之際，肆行屠戮，違天虐民，朕實不忍。諸將克城，毋肆焚掠妄殺人，元之宗戚，咸俾保全。庶幾上答天心，下慰人望，以副朕伐罪安民之意。不恭命者罰無赦。」丙申，命馮勝留守開封。閏月丁未，至自開封。己酉，徐達會諸將兵於臨淸。壬子，常遇春克德州。丙寅，克通州，元帝趨上都。是月，徵天下賢才爲守令。免吳江、廣德、太平、寧國、滁、和被災田租。

八月己巳，以應天爲南京，開封爲北京。庚午，徐達入元都，封府庫圖籍，守宮門，禁士卒侵暴，遣將巡古北口諸隘。壬申，以京師火，四方水旱，詔中書省集議便民事。丁丑，定六部官制。御史中丞劉基致仕。己卯，赦殊死以下。將士從征者恤其家，逋逃許自首。新克州郡毋妄殺。輸賦道遠者，官爲轉運，災荒以實聞。免鎭江租稅。避亂民復業者，聽墾荒地，復三年。衍聖公襲封及授曲阜知縣，並如前代制。有司以禮聘致賢士，學校毋事虛文。平刑，毋非時決囚。除書籍田器稅，民間逋負免徵。蒙古、色目人有才能者，許擢用。鰥寡孤獨廢疾者，存恤之。民年七十以上，一子復。他利害當興革不在詔內者，有司具以聞。壬午，幸北京。改大都路曰北平府。徵元故臣。癸未，詔徐達、常遇春取山西。甲午，放元宮人。

九月癸亥，詔曰：「天下之治，天下之賢共理之。今賢士多隱巖穴，豈有司失於敦勸歟，朝廷疏於禮待歟，抑朕寡昧不足致賢，將在位者壅蔽使不上達歟。不然，賢士大夫，幼學壯行，豈甘沒世而已哉。天下甫定，朕願與諸儒講明治道。有能輔朕濟民者，有司禮遣。」乙丑，常遇春下保定，遂下眞定。

冬十月庚午，馮勝、湯和下懷慶，澤、潞相繼下。丁丑，至自北京。戊寅，以元都平，詔天下。十一月己亥，遣使分行天下，訪求賢才。庚子，始祀上帝於圜丘。癸亥，詔劉基還。十二月丁卯，徐達克太原，擴廓帖木兒走甘肅，山西平。己巳，置登聞鼓。壬辰，以書諭明昇。

二年春正月乙巳，立功臣廟於雞籠山。丁未，享太廟。庚戌，詔曰：「朕淮右布衣，因天下亂，率衆渡江，保民圖治，今十有五年。荷天眷祐，悉皆戡定。用是命將北征，齊、魯之民饋糧給軍，不憚千里。朕軫厥勞，已免元年田租。遭旱民未蘇，其更賜一年。頃者，大軍平燕都，下晉、冀，民被兵燹，困征斂，北平、燕南、河東、山西今年田租亦與蠲免。河南諸郡歸附，久欲惠之，西北未平，師過其地，是以未遑。今晉、冀平矣，西抵潼關，北界大河，南至唐、鄧、光、息，今年稅糧悉除之。」又詔曰：「應天、太平、鎭江、宣城、廣德供億浩穰。去歲蠲租，遇旱惠不及下。其再免諸郡及無爲州今年租稅。」庚申，常遇春取大同。是月，倭寇山東濱海郡縣。二月丙寅朔，詔修元史。壬午，耕耤田。三月庚子，徐達至奉元，張思道遁。振陝西饑，戶米三石。丙午，常遇春至鳳翔，李思齊奔臨洮。

夏四月丙寅，遇春還師北平。己巳，諸王子受經於博士孔克仁。令功臣子弟入學。乙亥，編祖訓錄，定封建諸王之制。徐達下鞏昌。丙子，賜秦、隴新附州縣稅糧。丁丑，馮勝至臨洮，李思齊降。乙酉，徐達襲破元豫王於西安。〔一〕五月甲午朔，日有食之。丁酉，徐達下平涼、延安。張良臣以慶陽降，尋叛。癸卯，始祀地於方丘。六月己卯，常遇春克開平，元帝北走。壬午，封陳日煃爲安南國王。

秋七月己亥，鄂國公常遇春卒於軍，詔李文忠領其衆。辛亥，擴廓帖木兒遣將破原州、涇州。辛酉，馮勝擊走之。丙辰，明昇遣使來。八月丙寅，元兵攻大同，李文忠擊敗之。己巳，定內侍官制。諭吏部曰：「內臣但備使令，毋多人。古來若輩擅權，可爲鑒戒。馭之之道，當使之畏法，勿令有功，有功則驕恣矣。」癸酉，元史成。丙子，封王顓爲高麗國王。癸未，徐達克慶陽，斬張良臣，陝西平。是月，命儒臣纂禮書。九月辛丑，召徐達、湯和還，馮勝留總軍事。癸卯，以臨濠爲中都。戊午，征南師還。

冬十月壬戌，遣楊璟諭明昇。甲戌，甘露降於鍾山，羣臣請告廟，不許。辛卯，詔天下郡縣立學。是月，遣使貽元帝書。十一月乙巳，祀上帝於圜丘，以仁祖配。十二月甲戌，封阿答阿者爲占城國王。甲申，振西安諸府饑，戶米二石。己丑，大賚平定中原及征南將士。庚寅，擴廓帖木兒攻蘭州，指揮于光死之。

是年，占城、安南、高麗入貢。

三年春正月癸巳，徐達爲征虜大將軍，李文忠、馮勝、鄧愈、湯和副之，分道北征。二月癸未，追封郭子興滁陽王。戊子，詔求賢才可任六部者。是月，李文忠下興和，進兵察罕腦兒，執元平章竹貞。三月庚寅，免南畿，河南，山東，北平，浙東，江西廣信、饒州今年田租。

夏四月乙丑，封皇子樉爲秦王，棡晉王，棣燕王，橚吳王，楨楚王，榑齊王，梓潭王，杞趙王，檀魯王，從孫守謙靖江王。徐達大破擴廓帖木兒於沈兒峪，盡降其衆，擴廓走和林。丙戌，元帝崩於應昌，子愛猷識理達臘嗣。是月，慈利土官覃垕作亂。五月己丑，徐達取興元。分遣鄧愈招諭吐蕃。丁酉，詔守令舉學識篤行之士。己亥，設科取士。甲辰，李文忠克應昌。元嗣君北走，獲其子買的里八剌，降五萬餘人，窮追至北慶州，不及而還。丁未，詔行大射禮。戊申，祀地於方丘，以仁祖配。辛亥，徐達下興元。鄧愈克河州。丁巳，詔開國時將帥無嗣者祿其家。是月旱，齋戒，后妃親執爨，皇太子諸王饋於齋所。六月戊午朔，素服草屨，步禱山川壇，露宿凡三日，還齋於西廡。辛酉，賚將士，省獄囚，命有司訪求通經術明治道者。壬戌，大雨。壬申，李文忠捷奏至，命仕元者勿賀。諡元主曰順帝。癸酉，買的里八剌至京師，羣臣請獻俘。帝曰：「武王伐殷用之乎？」省臣以唐太宗嘗行之對。帝曰：「太宗是待王世充耳。若遇隋之子孫，恐不爾也。」遂不許。又以捷奏多侈辭，謂宰相曰：「元主中國百年，朕與卿等父母皆賴其生養，奈何爲此浮薄之言，亟改之。」乙亥，封買的里八剌爲崇禮侯。丙子，告捷於南郊。丁丑，告太廟，詔示天下。辛巳，徙蘇州、松江、嘉興、湖州、杭州民無業者田臨濠，給資糧牛種，復三年。是月，倭寇山東、浙江、福建濱海州縣。

秋七月丙辰，明昇將吳友仁寇漢中，參政傅友德擊却之。中書左丞楊憲有罪誅。八月乙酉，遣使瘞中原遺骸。

冬十月丙辰，詔儒士更直午門，爲武臣講經史。癸亥，周德興爲征南將軍，討覃垕，垕遁。辛巳，貽元嗣君書。十一月壬辰，北征師還。甲午，告武成於郊廟。丙申，大封功臣。進李善長韓國公，徐達魏國公，封李文忠曹國公，馮勝宋國公，鄧愈衞國公，常遇春子茂鄭國公，湯和等侯者二十八人。己亥，設壇親祭戰沒將士。庚戌，有事於圜丘。辛亥，詔戶部置戶籍、戶帖，歲計登耗以聞，著爲令。乙卯，封中書右丞汪廣洋忠勤伯，御史中丞劉基誠意伯。十二月癸亥，復貽元嗣君書，並諭和林諸部。甲子，建奉先殿。庚午，遣使祭歷代帝王陵寢，並加修葺。己卯，賜勳臣田。壬午，以正月至是月，日中屢有黑子，詔廷臣言得失。

是年，占城、爪哇、〔三〕西洋入貢。

四年春正月丙戌，李善長罷，汪廣洋爲右丞相。丁亥，中山侯湯和爲征西將軍，江夏侯周德興、德慶侯廖永忠副之，率舟師由瞿塘，潁川侯傅友德爲征虜前將軍，濟寧侯顧時副之，率步騎由秦、隴伐蜀。魏國公徐達練兵北平。戊子，衞國公鄧愈督餉給征蜀軍。庚寅，建郊廟於中都。丁未，詔設科取士連舉三年，嗣後三年一舉。戊申，免山西旱災田租。二月甲戌，幸中都。壬午，至自中都。元平章劉益以遼東降。是月，蠲太平、鎭江、寧國田租。三月乙酉朔，始策試天下貢士，賜吳伯宗等進士及第、出身有差。乙巳，徙山後民萬七千戶屯北平。丁未，誠意伯劉基致仕。

夏四月丙戌，傅友德克階州，文、隆、綿三州相繼下。五月，免江西、浙江秋糧。六月壬午，傅友德克漢州。辛卯，廖永忠克夔州。戊戌，明昇將丁世貞破文州，守將朱顯忠死之。癸卯，湯和至重慶，明昇降。戊申，倭寇膠州。是月，徙山後民三萬五千戶於內地，又徙沙漠遺民三萬二千戶屯田北平。

秋七月辛亥，徐達練兵山西。辛酉，傅友德下成都，四川平。乙丑，明昇至京師，封歸義侯。八月甲午，免中都、淮、揚及泰、滁、無爲田租。己酉，振陝西饑。是月，高州海寇亂，通判王名善死之。九月庚戌朔，日有食之。

冬十月丙申，征蜀師還。十一月丙辰，有事於圜丘。庚申，命官吏犯贓者罪勿貸。是月，免陝西、河南被災田租。十二月，徐達還。

是年，安南、浡泥、高麗、三佛齊、暹羅、日本、眞臘入貢。

五年春正月癸丑，待制王禕使雲南，詔諭元梁王把匝剌瓦爾密。禕至，不屈死。乙丑，徙陳理、明昇於高麗。甲戌，魏國公徐達爲征虜大將軍，出雁門，趨和林，曹國公李文忠爲左副將軍，出應昌，宋國公馮勝爲征西將軍，取甘肅，征擴廓帖木兒。靖海侯吳禎督海運，餉遼東。衞國公鄧愈爲征南將軍，江夏侯周德興、江陰侯吳良副之，分道討湖南、廣西洞蠻。二月丙戌，安南陳叔明弒其主日熞自立，遣使入貢，却之。三月丁卯，都督僉事藍玉敗擴廓於土剌河。

夏四月己卯，振濟南、萊州饑。戊戌，始行鄉飲酒禮。庚子，鄧愈平散毛諸洞蠻。五月壬子，徐達及元兵戰於嶺北，敗績。是月，詔曰：「天下大定，禮儀風俗不可不正。諸遭亂爲人奴隸者復爲民。凍餒者里中富室假貸之，孤寡殘疾者官養之，毋失所。鄉黨論齒，相見揖拜，毋違禮。婚姻毋論財。喪事稱家有無，毋惑陰陽拘忌，停柩暴露。流民復業者各就丁力耕種，毋以舊田爲限。僧道齋醮雜男女，恣飲食，有司嚴治之。閩、粤豪家毋閹人子爲火者，犯者抵罪。」六月丙子，定宦官禁令。丁丑，定宮官女職之制。戊寅，馮勝克甘肅，追敗元兵於瓜、沙州。癸巳，定六部職掌及歲終考績法。壬寅，吳良平靖州蠻。甲辰，李文忠敗元兵於阿魯渾河，宣寧侯曹良臣戰沒。乙巳，作鐵榜誡功臣。是月，振山東饑，免被災郡縣田租。

秋七月丙辰，湯和及元兵戰於斷頭山，敗績。八月丙申，吳良平五開、古州諸蠻。甲辰，元兵犯雲內，同知黃里死之。〔三〕九月戊午，周德興平婪鳳、安田諸蠻。

冬十月丁酉，馮勝師還。是月，免應天、太平、鎮江、寧國、廣德田租。十一月辛酉，有事於圜丘。甲子，征南師還。壬申，納哈出犯遼東。是月，召徐達、李文忠還。十二月甲戌，詔以農桑學校課有司。辛巳，命百官奏事啓皇太子。庚子，鄧愈爲征西將軍，征吐番。壬寅，貽元嗣君書。

是年，瑣里、占城、高麗、琉球、烏斯藏入貢。高麗貢使再至，諭自後三年一貢。

六年春正月甲寅，謫汪廣洋爲廣東參政。二月乙未，諭暫罷科舉，察舉賢才。壬寅，命御史及按察使考察有司。三月癸卯朔，日有食之。頒昭鑒錄，訓誡諸王。戊申，大閱。壬子，徐達爲征虜大將軍，李文忠、馮勝、鄧愈、湯和副之，備邊山西、北平。甲子，指揮使於顯爲總兵官，備倭。

夏四月己丑，令有司上山川險易圖。六月壬午，盱眙獻瑞麥，薦宗廟。壬辰，擴廓帖木兒遣兵攻雁門，指揮吳均擊却之。是月，免北平、河間、河南、開封、延安、汾州被災田租。

秋七月壬寅，命戶部稽渡江以來各省水旱災傷分數，優恤之。壬子，胡惟庸爲右丞相。

八月乙亥，詔祀三皇及歷代帝王。

冬十月辛巳，召徐達、馮勝還。十一月壬子，擴廓帖木兒犯大同，徐達遣將擊敗之，達仍留鎭。甲子，遣兵部尚書劉仁振眞定饑。丙寅，冬至，帝不豫，改卜郊。閏月乙亥，錄故功臣子孫未嗣者二百九人。壬午，有事於圜丘。庚寅，頒定大明律。

是年，暹羅、高麗、占城、眞臘、三佛齊入貢。命安南陳叔明權知國事。

七年春正月甲戌，都督僉事王簡、王誠，平章李伯昇，屯田河南、山東、北平。靖海侯吳禎爲總兵官，都督於顯副之，〔四〕巡海捕倭。二月丁酉朔，日有食之。戊午，修曲阜孔子廟，設孔、顏、孟三氏學。是月，平陽、太原、汾州、歷城、汲縣旱蝗，並免租稅。

夏四月己亥，都督藍玉敗元兵於白酒泉，遂拔興和。壬寅，金吾指揮陸齡討永、道諸州蠻，〔五〕平之。五月丙子，免眞定等四十二府州縣被災田租。辛巳，振蘇州饑民三十萬戶。癸巳，減蘇、松、嘉、湖極重田租之半。六月，陝西平涼、延安、靖寧、鄜州雨雹，山西、山東、北平、河南蝗，並蠲田租。

秋七月甲子，李文忠破元兵於大寧、高州。壬申，倭寇登、萊。八月甲午朔，祀歷代帝王廟。辛丑，詔軍士陣歿，父母妻子不能自存者，官爲存養。百姓避兵離散或客死，遺老幼，並資遣還。遠宦卒官，妻子不能歸者，有司給舟車資送。庚申，振河間、廣平、順德、眞定饑，蠲租稅。九月丁丑，遣崇禮侯買的里八剌歸，遺元嗣君書。

冬十一月壬戌，納哈出犯遼陽，千戶吳壽擊走之。辛未，有事於圜丘。十二月戊戌，召鄧愈、湯和還。

是年，阿難功德國、暹羅、琉球、三佛齊、烏斯藏、撒里、畏兀兒入貢。

八年春正月辛未，增祀雞籠山功臣廟一百八人。癸酉，命有司察窮民無告者，給屋舍衣食。辛巳，鄧愈、湯和等十三人屯戍北平、陝西、河南。丁亥，詔天下立社學。是月，河決開封，發民夫塞之。二月甲午，宥雜犯死罪以下及官犯私罪者，謫鳳陽輸作屯種贖罪。癸丑，耕耤田。召徐達、李文忠、馮勝還，傅友德等留鎮北平。三月辛酉，立鈔法。辛巳，罷寶源局鑄錢。

夏四月辛卯，幸中都。丁巳，至自中都。免彰德、大名、臨洮、平涼、河州被災田租。罷營中都。致仕誠意伯劉基卒。五月己巳，永嘉侯朱亮祖偕傅友德鎮北平。六月壬寅，指揮同知胡汝平貴州蠻。

秋七月己未朔，日有食之。辛酉，改作太廟。壬戌，召傅友德、朱亮祖還，李文忠、顧時鎮山西、北平。戊辰，詔百官奔父母喪不俟報。京師地震。丁丑，免應天、太平、寧國、鎮江及蘄、黃諸府被災田租。八月己酉，元擴廓帖木兒卒。

冬十月丁亥，詔舉富民素行端潔達時務者。壬子，命皇太子諸王講武中都。十一月丁丑，有事於圜丘。十二月戊子，京師地震。甲寅，遣使振蘇州、湖州、嘉興、松江、常州、太平、寧國、杭州水災。是月，納哈出犯遼東，指揮馬雲、葉旺大敗之。

是年，撒里、高麗、占城、暹羅、日本、爪哇、三佛齊入貢。

九年春正月，中山侯湯和，潁川侯傅友德，都督僉事藍玉、王弼，中書右丞丁玉，備邊延安。三月己卯，詔曰：「比年西征燉煌，北伐沙漠，軍需甲仗，皆資山、陝，又以秦、晉二府宮殿之役，重困吾民。平定以來，閭閻未息。國都始建，土木屢興。畿輔既極煩勞，外郡疲於轉運。今蓄儲有餘，其淮、揚、安、徽、池五府及山西、陝西、河南、福建、江西、浙江、北平、湖廣今年租賦，悉免之。」

夏四月庚戌，京師自去年八月不雨，是日始雨。五月癸酉，自庚戌雨，至是日始霽。六月甲午，改行中書省爲承宣布政使司。辛丑，李文忠還。

秋七月癸丑朔，日有食之。是月，蠲蘇、松、嘉、湖水災田租，振永平旱災。元將伯顏帖木兒犯延安，傅友德敗降之。八月己酉，遣官省歷代帝王陵寢，禁芻牧，置守陵戶。忠臣烈士祠，有司以時葺治。分遣國子生修嶽鎮海瀆祠。西番朶兒只巴寇罕東，河州指揮甯正擊走之。閏九月庚寅，以災異詔求直言。

冬十月己未，太廟成，自是行合享禮。丙子，命秦、晉、燕、吳、楚、齊諸王治兵鳳陽。十一月壬午，有事於圜丘。戊子，徙山西及眞定民無產者田鳳陽。十二月甲寅，振畿內、浙江、湖北水災。己卯，遣都督同知沐英乘傳詣陝西問民疾苦。

是年，覽邦、琉球、安南、日本、烏斯藏、高麗入貢。

十年春正月辛卯，以羽林等衞軍益秦、晉、燕三府護衞。是春，振蘇、松、嘉、湖水災。

夏四月己酉，鄧愈爲征西將軍，沐英爲副將軍，率師討吐番，大破之。是月，振太平、寧國及宜興、錢塘諸縣水災。五月庚子，韓國公李善長、曹國公李文忠總中書省、大都督府、御史臺，議軍國重事。癸卯，振湖廣水災。丙午，戶部主事趙乾振荆、蘄遲緩，伏誅。六月丁巳，詔臣民言事者，實封達御前。丙寅，命政事啓皇太子裁決奏聞。

秋七月甲申，置通政司。是月，始遣御史巡按州縣。八月庚戌，改建大祀殿於南郊。癸丑，選武臣子弟讀書國子監。九月丙申，振紹興、金華、衢州水災。辛丑，胡惟庸爲左丞相，汪廣洋爲右丞相。

冬十月戊午，封沐英西平侯。辛酉，賜百官公田。十一月癸未，衞國公鄧愈卒。丁亥，合祀天地於奉天殿。是月，免河南、陝西、廣東、湖廣田租。威茂蠻叛，御史大夫丁玉爲平羌將軍，討平之。十二月乙巳朔，日有食之。丁未，錄故功臣子孫五百餘人，授官有差。

是年，占城、三佛齊、暹羅、爪哇、眞臘入貢。高麗使五至，以嗣王未立，却之。

十一年春正月甲戌，封皇子椿爲蜀王，柏湘王，桂豫王，楧漢王，植衞王。改封吳王橚爲周王。己卯，進封湯和信國公。是月，徵天下布政使及知府來朝。二月，指揮胡淵平茂州蠻。三月壬午，命奏事毋關白中書省。是月，第來朝官爲三等。

夏四月，元嗣君愛猷識理達臘殂，子脫古思帖木兒嗣。五月丁酉，存問蘇、松、嘉、湖被水災民，戶賜米一石，蠲逋賦六十五萬有奇。六月壬子，遣使祭故元嗣君。己巳，五開蠻叛，殺靖州指揮過興，以辰州指揮楊仲名爲總兵官，討之。

秋七月丁丑，振平陽饑。是月，蘇、松、揚、台海溢，遣官存恤。八月，免應天、太平、鎭江、寧國、廣德諸府州秋糧。九月丙申，追封劉繼祖爲義惠侯。

冬十月甲子，大祀殿成。十一月庚午，征西將軍西平侯沐英率都督藍玉、王弼討西番。是月，五開蠻平。

是年，暹羅、闍婆、高麗、琉球、占城、三佛齊、朶甘、烏斯藏、彭亨、百花入貢。

十二年春正月己卯，始合祀天地於南郊。甲申，洮州十八族番叛，命沐英移兵討之。丙申，丁玉平松州蠻。二月戊戌，李文忠督理河、岷、臨、鞏軍事。乙巳，詔曰：「今春雨雪經旬，天下貧民困於饑寒者多有，其令有司給以鈔。」丙寅，信國公湯和率列侯練兵臨清。夏五月癸未，蠲北平田租。六月丁卯，都督馬雲征大寧。秋七月丙辰，丁玉回師討眉縣賊，平之。己未，李文忠還掌大都督府事。八月辛巳，詔凡致仕官復其家，終身無所與。九月己亥，沐英大破西番，擒其部長三副使。冬十一月甲午，〔六〕沐英班師，封仇成、藍玉等十二人爲侯。庚申，大寧平。十二月，汪廣洋貶廣南，〔七〕賜死。徵天下博學老成之士至京師。

是年，占城、爪哇、暹羅、日本、安南、高麗入貢。高麗貢黃金百斤、白金萬兩，以不如約，却之。

十三年春正月戊戌，左丞相胡惟庸謀反，及其黨御史大夫陳寧、中丞涂節等伏誅。癸卯，大祀天地於南郊。罷中書省，廢丞相等官，更定六部官秩，改大都督府爲中、左、右、前、後五軍都督府。二月壬戌朔，詔舉聰明正直、孝弟力田、賢良方正、文學術數之士。發丹符，驗天下金穀之數。戊辰，文武官年六十以上者聽致仕，給以誥敕。三月壬辰，減蘇、松、嘉、湖重賦十之二。壬寅，燕王棣之國北平。壬子，沐英襲元將脫火赤於亦集乃，擒之，盡降其衆。

夏四月己丑，命羣臣各舉所知。五月甲午，雷震謹身殿。乙未，大赦。丙申，釋在京及臨濠屯田輸作者。己亥，免天下田租。吏以過誤罷者還其職。壬寅，都督濮英進兵赤斤站，獲故元豳王亦憐眞及其部曲而還。是月，罷御史臺。命從征士卒老疾者許以子代，老而無子及寡婦，有司資遣還。六月丙寅，雷震奉天門，避正殿省愆。丁卯，罷王府工役。丁丑，置諫院官。

秋八月，命天下學校師生，日給廩膳。九月辛卯，景川侯曹震、營陽侯楊璟、〔八〕永城侯薛顯屯田北平。乙巳，天壽節，始受羣臣朝賀，賜宴於謹身殿，後以爲常。丙午，置四輔官，告於太廟。以儒士王本、杜佑、龔斅、杜斅、趙民望、吳源爲春、夏官。是月，詔陝西衞軍以三分之二屯田。安置翰林學士承旨宋濂於茂州，道卒。

冬十一月乙未，徐達還。丙午，元平章完者不花、乃兒不花犯永平，指揮劉廣戰沒，千戶王輅擊敗之，擒完者不花。十二月，天下府州縣所舉士至者八百六十餘人，授官有差。南雄侯趙庸鎮廣東，討陽春蠻。

是年，琉球、日本、安南、占城、眞臘、爪哇入貢，日本以無表却之。

十四年春正月戊子，徐達爲征虜大將軍，湯和、傅友德爲左、右副將軍，帥師討乃兒不花。命新授官者各舉所知。乙未，大祀天地於南郊。壬子，罷天下歲造兵器。癸丑，命公侯子弟入國學。丙辰，詔求隱逸。二月庚辰，覈天下官田。三月丙戌，大赦。辛丑，頒五經、四書於北方學校。

夏四月庚午，徐達率諸將出塞，至北黃河，擊破元兵，獲全寧四部以歸。五月，五溪蠻叛，江夏侯周德興討平之。

秋八月丙子，詔求明經老成之士，有司禮送京師。庚辰，河決原武、祥符、中牟。辛巳，徐達還。九月壬午朔，傅友德爲征南將軍，藍玉、沐英爲左、右副將軍，帥師征雲南。徐達鎮北平。丙午，周德興移師討施州蠻，平之。

冬十月壬子朔，日有食之。癸丑，命法司錄囚，會翰林院給事中及春坊官會議平允以聞。甲寅，免應天、太平、廣德、鎮江、寧國田租。癸亥，分遣御史錄囚。己卯，延安侯唐勝宗帥師討浙東山寇，平之。十一月壬午，吉安侯陸仲亨鎮成都。庚戌，趙庸討廣州海寇，大破之。十二月丁巳，命翰林春坊官考駁諸司章奏。戊辰，傅友德大敗元兵於白石江，遂下曲靖。壬申，元梁王把匝剌瓦爾密走普寧自殺。

是年，暹羅、安南、爪哇、朶甘、烏斯藏入貢。以安南寇思明，不納。

校勘記

〔一〕徐達襲破元豫王於西安　西安，原作「西寧」。太祖實錄卷四〇作「西安州」，或簡稱「西安」。按本書卷四二地理志，陝西固原州下注「西北有西安守禦千戶所，成化五年以舊西安州置」。又說「西南有六盤山」，「南有開成州」，此二地名亦與太祖實錄所載徐達進軍經歷之地名相合。西安州在固原附近，正在徐達軍事活動地區，而西寧則距離很遠。「西寧」應是「西安」之誤，今改正。

〔二〕爪哇　原作「爪哇」，據紅格本太祖實錄卷五三洪武三年六月戊寅條、卷五六洪武三年九月壬寅條及「是月」條，國榷卷四頁四二〇、又卷六頁五一七，洪武本元史卷二一〇爪哇傳，寰宇通志卷一一八爪哇國改。明文獻中「爪哇」、「爪哇」、「爪哇」互見，以下一律改作「爪哇」。

〔三〕同知黃里死之　黃里，原作「黃理」，據太祖實錄卷七五、國榷卷一頁二八六改。本書卷二八九牟魯傳附有黃里事跡，與此合。

〔四〕都督於顯副之　都督，明史稿紀二太祖紀、太祖實錄卷八七都作「都督僉事」。本書往往將「都督同知」、「都督僉事」簡稱爲「都督」。以下此類不再出校記。

〔五〕金吾指揮陸齡討永道諸州蠻　金吾指揮陸齡，太祖實錄卷八八作「金吾右衞指揮同知陸齡」。本書往往將「都指揮」、「指揮同知」、「指揮僉事」等簡稱爲「指揮」。以下此類不再出校記。

〔六〕冬十一月甲午　原脫「冬」字，據本紀行文例補。

〔七〕汪廣洋貶廣南　廣南，本書卷一〇九宰輔年表、太祖實錄卷一二八洪武十二年十二月「是月」條及所附汪廣洋傳都作「海南」。

〔八〕營陽侯楊璟　營陽侯，原作「滎陽侯」，據本書卷一〇五功臣世表、又卷一二九楊璟傳，紅格本太祖實錄卷五八洪武三年十一月丙申條、又卷一三三洪武十三年九月辛卯條、卷一四七洪武十五年八月乙巳條改。

明史卷三

本紀第三

太祖三

十五年春正月辛巳，宴羣臣於謹身殿，始用九奏樂。景川侯曹震、定遠侯王弼下威楚路。壬午，元曲靖宣慰司及中慶、澂江、武定諸路俱降，雲南平。己丑，減大辟囚。乙未，大祀天地於南郊。庚戌，命天下朝覲官各舉所知一人。二月壬子，河決河南，命駙馬都尉李祺振之。甲寅，以雲南平，詔天下。閏月癸卯，藍玉、沐英克大理，分兵徇鶴慶、麗江、金齒，俱下。三月庚午，河決朝邑。

夏四月甲申，遷元梁王把匝剌瓦兒密及威順王子伯伯等家屬於耽羅。丙戌，詔天下通祀孔子。壬辰，免畿內、浙江、江西、河南、山東稅糧。五月乙丑，太學成，釋奠於先師孔子。丙子，廣平府吏王允道請開磁州鐵冶。帝曰：「朕聞王者使天下無遺賢，不聞無遺利。今軍器不乏，而民業已定，無益於國，且重擾民。」杖之，流嶺南。丁丑，遣行人訪經明行修之士。

秋七月乙卯，河決滎澤、陽武。辛酉，罷四輔官。乙亥，傅友德、沐英擊烏撒蠻，大敗之。八月丁丑，復設科取士，三年一行，爲定制。丙戌，皇后崩。己丑，延安侯唐勝宗、長興侯耿炳文屯田陝西。丁酉，擢秀才曾泰爲戶部尚書。辛丑，命徵至秀才分六科試用。九月己酉，吏部以經明行修之士鄭韜等三千七百餘人入見，令舉所知，復遣使徵之。賜韜等鈔，尋各授布政使、參政等官有差。庚午，葬孝慈皇后於孝陵。

冬十月丙子，置都察院。丙申，錄囚。甲辰，徐達還。是月，廣東羣盜平，詔趙庸班師。十一月戊午，置殿閣大學士，以邵質、吳伯宗、宋訥、吳沉爲之。〔一〕十二月辛卯，振北平被災屯田士卒。己亥，永城侯薛顯理山西軍務。

是年，爪哇、琉球、烏斯藏、占城入貢。

十六年春正月乙卯，大祀天地於南郊。戊午，徐達鎭北平。二月丙申，初命天下學校歲貢士於京師。三月甲辰，召征南師還，沐英留鎭雲南。丙寅，復鳳陽、臨淮二縣民徭賦，世世無所與。

夏五月庚申，免畿內各府田租。六月辛卯，免畿內十二州縣養馬戶田租一年，滁州免二年。

秋七月，分遣御史錄囚。八月壬申朔，日有食之。九月癸亥，中國公鄧鎮爲征南將軍，討龍泉山寇，平之。

冬十月丁丑，召徐達等還。十二月甲午，刑部尙書開濟有罪誅。

是年，琉球、占城、西番、打箭爐、暹羅、須文達那入貢。

十七年春正月丁未，大祀天地於南郊。戊申，徐達鎮北平。壬戌，湯和巡視沿海諸城防倭。三月戊戌朔，頒科舉取士式。曹國公李文忠卒。甲子，大赦天下。

夏四月壬午，論平雲南功，進封傅友德潁國公，陳桓等侯者四人，大賚將士。庚寅，收陣亡遺骸。增築國子學舍。五月丙寅，涼州指揮宋晟討西番於亦集乃，敗之。

秋七月戊戌，禁內官預外事，敕諸司毋通內官監文移。癸丑，詔百官迎養父母者，官給舟車。丁巳，免畿內今年田租之半。庚申，錄囚。壬戌，盱眙人獻天書，斬之。八月丙寅，河決開封。壬申，決杞縣，遣官塞之。己丑，蠲河南諸省逋賦。

冬十月丙子，河南、北平大水，分遣駙馬都尉李祺等振之。閏月癸丑，詔天下罪囚，刑部、都察院詳議，大理寺覆讞後奏決。是月，召徐達還。十二月壬子，蠲雲南逋賦。

是年，琉球、暹羅、安南、占城入貢。

十八年春正月辛未，大祀天地於南郊。癸酉，朝覲官分五等考績，黜陟有差。二月甲辰，以久陰雨雷雹，詔臣民極言得失。己未，魏國公徐達卒。三月壬戌，賜丁顯等進士及第、出身有差。詔中外官父母歿任所者，有司給舟車歸其喪，著爲令。乙亥，免畿內今年田租。命天下郡縣瘞暴骨。丙子，初選進士爲翰林院、承敕監、六科庶吉士。己丑，戶部侍郎郭桓坐盜官糧誅。

夏四月丁酉，吏部尙書余熂以罪誅。丙辰，思州蠻叛，湯和爲征虜將軍，周德興爲副將軍，帥師從楚王楨討之。六月戊申，定外官三年一朝，著爲令。

秋七月甲戌，〔三〕封王禑爲高麗國王。庚辰，五開蠻叛。八月庚戌，馮勝、傅友德、藍玉備邊北平。是月，振河南水災。

冬十月己丑，頒大誥於天下。癸卯，召馮勝還。甲辰，詔曰：「孟子傳道，有功名敎。歷年既久，子孫甚微。近有以罪輸作者，豈禮先賢之意哉。其加意詢訪，凡聖賢後裔輸作者，皆免之。」是月，楚王楨、信國公湯和討平五開蠻。十一月乙亥，蠲河南、山東、北平田租。十二月丙午，詔有司舉孝廉。癸丑，麓川平緬宣慰使思倫發反，都督馮誠敗績，千戶王昇死之。

是年，高麗、琉球、安南、暹羅入貢。

十九年春正月辛酉，振大名及江浦水災。甲子，大祀天地於南郊。是月，征蠻師還。二月丙申，耕耤田。癸丑，振河南饑。

夏四月甲辰，詔贖河南饑民所鬻子女。六月甲辰，詔有司存問高年。貧民年八十以上，月給米五斗，酒三斗，肉五斤；九十以上，歲加帛一匹，絮一斤；有田產者罷給米。應天、鳳陽富民年八十以上賜爵社士，九十以上鄉士；天下富民八十以上里士，九十以上社士。皆與縣官均禮，復其家。鰥寡孤獨不能自存者，歲給米六石。士卒戰傷除其籍，賜復三年。將校陣亡，其子世襲加一秩。巖穴之士，以禮聘遣。丁未，振青州及鄭州饑。

秋七月癸未，詔舉經明行修練達時務之士。年六十以上者，置翰林備顧問；六十以下，於六部、布按二司用之。八月甲辰，命皇太子修泗州盱眙祖陵，葬德祖以下帝后冕服。九月庚申，屯田雲南。

冬十月，命官軍已亡子女幼或父母老者皆給全俸，著爲令。十二月癸未朔，日有食之。是月，命宋國公馮勝分兵防邊。發北平、山東、山西、河南民運糧於大寧。

是年，高麗、琉球、暹羅、占城、安南入貢。

二十年春正月癸丑，馮勝爲征虜大將軍，傅友德、藍玉副之，率師征納哈出。焚錦衣衞刑具，以繫囚付刑部。甲子，大祀天地於南郊。禮成，天氣清明。侍臣進曰：「此陛下敬天之誠所致。」帝曰：「所謂敬天者，不獨嚴而有禮，當有其實。天以子民之任付於君，爲君者欲求事天，必先恤民。恤民者，事天之實也。卽如國家命人任守令之事，若不能福民，則是棄君之命，不敬孰大焉。」又曰：「爲人君者，父天母地子民，皆職分之所當盡，祀天地，非祈福於己，實爲天下蒼生也。」二月壬午，閱武。乙未，耕耤田。三月辛亥，馮勝率師出松亭關，城大寧、寬河、會州、富峪。

夏四月戊子，江夏侯周德興築福建瀕海城，練兵防倭。六月庚子，臨江侯陳鏞從征失道，戰沒。癸卯，馮勝兵踰金山。丁未，納哈出降。閏月庚申，師還次金山，都督濮英殿軍遇伏，死之。

秋八月癸酉，收馮勝將軍印，召還，藍玉攝軍事。景川侯曹震屯田雲南品甸。九月戊寅，封納哈出海西侯。癸未，置大寧都指揮使司。丁酉，安置鄭國公常茂於龍州。丁未，藍玉爲征虜大將軍，延安侯唐勝宗、武定侯郭英副之，北征沙漠。是月，城西寧。

冬十月戊申，封朱壽爲舳艫侯，張赫爲航海侯。是月，馮勝罷歸鳳陽，奉朝請。十一月壬午，普定侯陳桓、靖寧侯葉昇屯田定邊、姚安、畢節諸衞。己丑，湯和還，凡築寧海、臨山等五十九城。十二月，振登、萊饑。

是年，琉球、安南、高麗、占城、眞臘、朶甘、烏斯藏入貢。

二十一年春正月辛巳，麓川蠻思倫發入寇馬龍他郎甸，都督甯正擊敗之。辛卯，大祀天地於南郊。甲午，振青州饑，逮治有司匿不以聞者。三月乙亥，賜任亨泰等進士及第、出身有差。丙戌，振東昌饑。甲辰，沐英討思倫發，敗之。

夏四月丙辰，藍玉襲破元嗣君於捕魚兒海，獲其次子地保奴及妃主王公以下數萬人而還。五月甲戌朔，日有食之。六月甲辰，信國公湯和歸鳳陽。甲子，傅友德爲征南將軍，沐英、陳桓爲左、右副將軍，帥師討東川叛蠻。

秋七月戊寅，安置地保奴於琉球。八月癸丑，徙澤、潞民無業者墾河南、北田，賜鈔備農具，復三年。丁卯，藍玉師還，大賚北征將士。戊辰，封孫愔爲全寧侯。是月，御製八諭飭武臣。九月丙戌，秦、晉、燕、周、楚、齊、湘、魯、潭九王來朝。癸巳，越州蠻阿資叛，沐英會傅友德討之。

冬十月丁未，東川蠻平。十二月壬戌，進封藍玉涼國公。是年，高麗、占城、琉球、暹羅、眞臘、撒馬兒罕、安南入貢。詔安南三歲一朝，象犀之屬毋獻。安南黎季犛弑其主煒。

二十二年春正月丙戌，改大宗正院曰宗人府，以秦王樉爲宗人令，晉王棡、燕王棣爲左、右宗正，周王橚、楚王楨爲左、右宗人。丁亥，大祀天地於南郊。乙未，傅友德破阿資於普安。二月己未，藍玉練兵四川。壬戌，禁武臣預民事。癸亥，湖廣千戶夏得忠結九溪蠻作亂，靖寧侯葉昇討平之，得忠伏誅。是月，阿資降。三月庚午，傅友德帥諸將分屯四川、湖廣，防西南蠻。

夏四月己亥，徙江南民田淮南，賜鈔備農具，復三年。癸丑，魏國公徐允恭、開國公常昇等練兵湖廣。甲寅，徙元降王於耽羅。是月，遣御史按山東官匿災不奏者。五月辛卯，置泰寧、朶顏、福餘三衞於兀良哈。

秋七月，傅友德等還。八月乙卯，詔天下舉高年有德識時務者。是月，更定大明律。九月丙寅朔，日有食之。

冬十一月丙寅，宣德侯金鎭等練兵湖廣。己卯，思倫發入貢謝罪，麓川平。十二月甲辰，周王橚有罪，遷雲南，尋罷徙，留居京師。定遠侯王弼等練兵山西、河南、陝西。

是年，高麗、安南、占城、暹羅、眞臘入貢。元也速迭兒弒其主脫古思帖木兒而立坤帖木兒。高麗廢其主禑，又廢其主昌。安南黎季犛復弒其主日焜。〔三〕

二十三年春正月丁卯，晉王棡、燕王棣帥師征元丞相咬住、太尉乃兒不花，征虜前將軍潁國公傅友德等皆聽節制。己卯，大祀天地於南郊。庚辰，貴州蠻叛，延安侯唐勝宗討平之。乙酉，齊王榑帥師從燕王棣北征。贛州賊爲亂，東川侯胡海充總兵官，普定侯陳桓、靖寧侯葉昇爲副將，討平之。唐勝宗督貴州各衞屯田。二月戊申，藍玉討平西番叛蠻。丙辰，耕耤田。癸亥，河決歸德，發諸軍民塞之。三月癸巳，燕王棣師次迤都，咬住等降。

夏四月，吉安侯陸仲亨等坐胡惟庸黨下獄。丙申，潭王梓自焚死。閏月丙子，藍玉平施南、忠建叛蠻。五月甲午，遣諸公侯還里，賜金幣有差。乙卯，賜太師韓國公李善長死，陸仲亨等皆坐誅。作昭示姦黨錄，布告天下。六月乙丑，藍玉遣鳳翔侯張龍平都勻、散毛諸蠻。庚寅，授耆民有才德知典故者官。

秋七月壬辰，河決開封，振之。癸巳，崇明、海門風雨海溢，遣官振之，發民二十五萬築隄。八月壬申，詔毋以吏卒充選舉。藍玉還。是月，振河南、北平、山東水災。九月庚寅朔，日有食之。

冬十月己卯，振湖廣饑。十一月癸丑，免山東被災田租。十二月癸亥，令殊死以下囚輸粟北邊自贖。壬申，罷天下歲織文綺。

是年，墨剌、哈梅里、高麗、占城、眞臘、琉球、暹羅入貢。

二十四年春正月癸卯，大祀天地於南郊。戊申，潁國公傅友德爲征虜將軍，定遠侯王弼、武定侯郭英副之，備北平邊。丁巳，免山東田租。二月壬申，耕耤田。三月戊子朔，日有食之。魏國公徐輝祖、曹國公李景隆、涼國公藍玉等備邊陝西。乙未，靖寧侯葉昇練兵甘肅。丁酉，賜許觀等進士及第、出身有差。

夏四月辛未，封皇子㮵爲慶王，權寧王，楩岷王，橞谷王，松韓王，模瀋王，楹安王，桱唐王，棟郢王，㰘伊王。癸未，燕王棣督傅友德諸將出塞，敗敵而還。五月戊戌，漢、衞、谷、慶、寧、岷六王練兵臨清。六月己未，詔廷臣參考歷代禮制，更定冠服、居室、器用制度。甲子，久旱錄囚。

秋七月庚子，徙富民實京師。辛丑，免畿內官田租之半。八月乙卯，秦王樉有罪，召還京師。乙丑，皇太子巡撫陝西。乙亥，都督僉事劉眞、宋晟討哈梅里，敗之。九月乙酉，遣使諭西域。是月，倭寇雷州，百戶李玉、鎭撫陶鼎戰死。

冬十月丁巳，免北平、河間被水田租。十一月甲午，五開蠻叛，都督僉事茅鼎討平之。庚戌，皇太子還京師，晉王棡來朝。辛亥，振河南水災。十二月庚午，周王橚復國。辛巳，阿資復叛，都督僉事何福討降之。

是年，天下郡縣賦役黃册成，計戶千六十八萬四千四百三十五，丁五千六百七十七萬四千五百六十一。琉球、暹羅、別失八里、撒馬兒罕入貢。以占城有簒逆事，却之。

二十五年春正月戊子，周王橚來朝。庚寅，河決陽武，發軍民塞之，免被水田租。乙未，大祀天地於南郊。何福討都勻、畢節諸蠻，平之。辛丑，令死囚輸粟塞下。壬寅，晉王棡、燕王棣、楚王楨、湘王柏來朝。二月戊午，召曹國公李景隆等還京師。靖寧侯葉昇等練兵於河南及臨、鞏、甘、涼、延慶。都督茅鼎等平五開蠻。丙寅，耕耤田。庚辰，詔天下衞所軍以十之七屯田。三月癸未，馮勝等十四人分理陝西、山西、河南諸衞軍務。庚寅，改封豫王桂爲代王，漢王楧爲肅王，衞王植爲遼王。

夏四月壬子，涼國公藍玉征罕東。癸丑，建昌衞指揮月魯帖木兒叛，指揮魯毅敗之。丙子，皇太子標薨。戊寅，都督聶緯、徐司馬、瞿能討月魯帖木兒，俟藍玉還，並聽節制。五月辛巳，藍玉至罕東，寇遁，遂趨建昌。己丑，振陳州原武水災。六月丁卯，西平侯沐英卒於雲南。

秋七月庚辰，秦王樉復國。癸未，指揮瞿能敗月魯帖木兒於雙狼寨。八月己未，江夏侯周德興坐事誅。丁卯，馮勝、傅友德帥開國公常昇等分行山西，籍民爲軍，屯田於大同、東勝，立十六衞。甲戌，給公侯歲祿，歸賜田於官。丙子，靖寧侯葉昇坐胡惟庸黨誅。九月庚寅，立皇孫允炆爲皇太孫。高麗李成桂幽其主瑤而自立，以國人表來請命，詔聽之，更其國號曰朝鮮。

冬十月乙亥，沐春襲封西平侯，鎭雲南。十一月甲午，藍玉擒月魯帖木兒，誅之，召玉還。十二月甲戌，宋國公馮勝、潁國公傅友德等兼東宮師保官。閏月戊戌，馮勝爲總兵官，傅友德副之，練兵山西、河南，兼領屯衞。

是年，琉球中山、山南，高麗，哈梅里入貢。

二十六年春正月戊申，免天下耆民來朝。辛酉，大祀天地於南郊。二月丁丑，晉王棡統山西、河南軍出塞，召馮勝、傅友德、常昇、王弼等還。乙酉，蜀王椿來朝。涼國公藍玉以謀反，幷鶴慶侯張翼、普定侯陳桓、景川侯曹震、舳艫侯朱壽、東莞伯何榮、吏部尚書詹徽等皆坐誅。己丑，頒逆臣錄於天下。庚寅，耕耤田。三月辛亥，代王桂率護衞兵出塞，聽晉王節制。長興侯耿炳文練兵陝西。丙辰，馮勝、傅友德備邊山西、北平，其屬衞將校悉聽晉王、燕王節制。庚申，詔二王軍務大者始以聞。壬戌，會寧侯張溫坐藍玉黨誅。

夏四月乙亥，孝感饑，遣使乘傳發倉貸之。詔自今遇歲饑，先貸後聞，著爲令。戊子，周王橚來朝。庚寅，旱，詔羣臣直言得失，省獄囚。丙申，以安南擅廢立，絕其朝貢。

秋七月甲辰朔，日有食之。戊申，選秀才張宗濬等隨詹事府官分直文華殿，侍皇太孫。

八月，秦、晉、燕、周、齊五王來朝。九月癸丑，代、肅、遼、慶、寧五王來朝。赦胡惟庸、藍玉餘黨。

冬十月丙申，擢國子監生六十四人爲布政使等官。十二月，頒永鑑錄於諸王。

是年，琉球、爪哇、暹羅入貢。

二十七年春正月乙卯，大祀天地於南郊。辛酉，李景隆爲平羌將軍，鎭甘肅。發天下倉穀貸貧民。三月庚子，賜張信等進士及第、出身有差。辛丑，魏國公徐輝祖、安陸侯吳傑備倭浙江。庚戌，課民樹桑棗木棉。甲子，以四方底平，收藏甲兵，示不復用。

秋八月甲戌，吳傑及永定侯張銓率致仕武臣，備倭廣東。乙亥，遣國子監生分行天下，督吏民修水利。丙戌，階、文軍亂，都督甯正爲平羌將軍討之。九月，徐輝祖節制陝西沿邊諸軍。

冬十一月乙丑，穎國公傅友德坐事誅。阿資復叛，西平侯沐春擊敗之。十二月乙亥，定遠侯王弼坐事誅。

是年，烏斯藏、琉球、緬、朶甘、爪哇、撒馬兒罕、朝鮮入貢。安南來貢，却之。

二十八年春正月丙午，階、文寇平，甯正以兵從秦王樉征洮州叛番。丁未，大祀天地於南郊。甲子，西平侯沐春擒斬阿資，越州平。是月，周王橚、晉王棡率河南、山西諸衞軍出塞，築城屯田。燕王棣帥總兵官周興出遼東塞。二月丁卯，宋國公馮勝坐事誅。己丑，諭戶部編民百戶爲里。婚姻死喪疾病患難，里中富者助財，貧者助力。春秋耕穫，通力合作，以敎民睦。

夏六月壬申，詔諸土司皆立儒學。辛巳，周興等自開原追敵至甫答迷城，不及而還。己丑，御奉天門，諭羣臣曰：「朕起兵至今四十餘年，灼見情僞，懲創奸頑，或法外用刑，本非常典。後嗣止循律與大誥，不許用黥刺、剕、劓、閹割之刑。臣下敢以請者，置重典。」又曰：「朕罷丞相，設府、部、都察院分理庶政，事權歸於朝廷。嗣君不許復立丞相。臣下敢以請者置重典。皇親惟謀逆不赦。餘罪，宗親會議取上裁。法司祇許舉奏，毋得擅逮。勒諸典章，永爲遵守。」

秋八月丁卯，都督楊文爲征南將軍，指揮韓觀、都督僉事宋晟副之，討龍州土官趙宗壽。戊辰，信國公湯和卒。辛巳，趙宗壽伏罪來朝，楊文移兵討奉議、南丹叛蠻。九月丁酉，免畿內、山東秋糧。庚戌，頒皇明祖訓條章於中外，「後世有言更祖制者，以奸臣論」。十一月乙亥，奉議、南丹蠻悉平。十二月壬辰，詔河南、山東桑棗及二十七年後新墾田，毋徵稅。

是年，朝鮮、琉球、暹羅入貢。

二十九年春正月壬申，大祀天地於南郊。二月癸卯，征虜前將軍胡冕討郴、桂蠻，平之。辛亥，燕王棣帥師巡大寧，周世子有燉帥師巡北平關隘。三月辛酉，楚王楨、湘王柏來朝。甲子，燕王敗敵於徹徹兒山，又追敗之於兀良哈禿城而還。

秋八月丁未，免應天、太平五府田租。九月乙亥，召致仕武臣二千五百餘人入朝，大賚之，各進秩一級。

是年，琉球、安南、朝鮮、烏斯藏入貢。

三十年春正月丙辰，〔五〕耿炳文爲征西將軍，郭英副之，巡西北邊。丙寅，大祀天地於南郊。丁卯，置行太僕寺於山西、北平、陝西、甘肅、遼東，掌馬政。己巳，左都督楊文屯田遼東。是月，沔縣盜起，詔耿炳文討之。二月庚寅，水西蠻叛，都督僉事顧成爲征南將軍，討平之。三月癸丑，賜陳䢿等進士及第、出身有差。庚辰，古州蠻叛，龍里千戶吳得、鎭撫井孚戰死。

夏四月己亥，都指揮齊讓爲平羌將軍，討之。壬寅，水西蠻平。五月壬子朔，日有食之。乙卯，楚王楨、湘王柏帥師討古州蠻。六月辛巳，賜禮部覆試貢士韓克忠等進士及第、出身有差。己酉，駙馬都尉歐陽倫有罪賜死。

秋八月丁亥，河決開封。甲午，李景隆爲征虜大將軍，練兵河南。九月庚戌，漢、沔寇平。戊辰，麓川平緬土酋刀幹孟逐其宣慰使思倫發以叛。乙亥，都督楊文爲征虜將軍，代齊讓。

冬十月戊子，停遼東海運。辛卯，耿炳文練兵陝西。乙未，重建國子監先師廟成。十一月癸酉，沐春爲征虜前將軍，都督何福等副之，討刀幹孟。

是年，琉球、占城、朝鮮、暹羅、烏斯藏、泥八剌入貢。

三十一年春正月壬戌，大祀天地於南郊。乙丑，遣使之山東、河南課耕。二月乙酉，倭寇寧海，指揮陶鐸擊敗之。辛丑，古州蠻平，召楊文還。甲辰，都督僉事徐凱討平麼些蠻。夏四月庚辰，廷臣以朝鮮屢生釁隙請討，不許。五月丁未，沐春擊刀幹孟，大敗之。甲寅，帝不豫。戊午，都督楊文從燕王棣，武定侯郭英從遼王植，備禦開平，俱聽燕王節制。閏月癸未，帝疾大漸。乙酉，崩於西宮，年七十有一。遺詔曰：「朕膺天命三十有一年，憂危積心，日勤不怠，務有益於民。奈起自寒微，無古人之博知，好善惡惡，不及遠矣。今得萬物自然之理，其奚哀念之有。皇太孫允炆仁明孝友，天下歸心，宜登大位。內外文武臣僚同心輔政，以安吾民。喪祭儀物，毋用金玉。孝陵山川因其故，毋改作。天下臣民，哭臨三日，皆釋服，毋妨嫁娶。諸王臨國中，毋至京師。諸不在令中者，推此令從事。」辛卯，葬孝陵。謚曰高皇帝，廟號太祖。永樂元年，謚聖神文武欽明啓運俊德成功統天大孝高皇帝。嘉靖十七年，增謚開天行道肇紀立極大聖至神仁文義武俊德成功高皇帝。

帝天授智勇，統一方夏，緯武經文，爲漢、唐、宋諸君所未及。當其肇造之初，能沉幾觀變，次第經略，綽有成算。嘗與諸臣論取天下之略，曰：「朕遭時喪亂，初起鄉土，本圖自全。及渡江以來，觀羣雄所爲，徒爲生民之患，而張士誠、陳友諒尤爲巨蠹。士誠恃富，友諒恃强，朕獨無所恃。惟不嗜殺人，布信義，行節儉，與卿等同心共濟。初與二寇相持，士誠尤逼近，或謂宜先擊之。朕以友諒志驕，士誠器小，志驕則好生事，器小則無遠圖，故先攻友諒。鄱陽之役，士誠卒不能出姑蘇一步以爲之援。向使先攻士誠，浙西負固堅守，友諒必空國而來，吾腹背受敵矣。二寇既除，北定中原，所以先山東、次河洛，止潼關之兵不遽取秦、隴者，蓋擴廓帖木兒、李思齊、張思道皆百戰之餘，未肯遽下，急之則併力一隅，猝未易定，故出其不意，反旆而北。燕都既舉，然後西征。張、李望絕勢窮，不戰而克，然擴廓猶力抗不屈。向令未下燕都，驟與角力，勝負未可知也。」帝之雄才大略，料敵制勝，率類此。故能戡定禍亂，以有天下。語云「天道後起者勝」，豈偶然哉。

贊曰：太祖以聰明神武之資，抱濟世安民之志，乘時應運，豪傑景從，戡亂摧强，十五載而成帝業。崛起布衣，奄奠海宇，西漢以後所未有也。懲元政廢弛，治尚嚴峻。而能禮致耆儒，考禮定樂，昭揭經義，尊崇正學，加恩勝國，澄清吏治，修人紀，崇風教，正後宮名義，內治肅清，禁宦豎不得干政，五府六部官職相維，置衞屯田，兵食俱足。武定禍亂，文致太平，太祖實身兼之。至於雅尚志節，聽蔡子英北歸。晚歲憂民益切，嘗以一歲開支河暨塘堰數萬以利農桑、備旱潦。用此子孫承業二百餘年，士重名義，閭閻充實。至今苗裔蒙澤，尚如東樓、白馬，世承先祀，有以哉。

校勘記

〔一〕以邵質吳伯宗宋訥吳沉爲之　邵質，一作「劉仲質」，參見本書卷七二職官志校記〔二〕。

〔二〕秋七月甲戌　甲戌，原作「甲辰」。按是月辛酉朔，不得有甲辰日，據太祖實錄卷一七四改。

〔三〕安南黎季犛復弒其主日焜　此句衍。本書卷三二一安南傳把這事繫在建文元年，國榷卷一一頁八一三把這事繫在建文元年十二月，是。

〔四〕三十年春正月丙辰　丙辰，原作「甲戌」。按是年正月甲寅朔，丙辰是初三日，甲戌是二十日。紀文於「甲戌」日下，連書丙寅（十三日）、丁卯（十四日）、己巳（十六日）等日，足證作「甲戌」誤。據明史稿紀三太祖紀、太祖實錄卷二四九改。

明史卷四

本紀第四

恭閔帝

恭閔惠皇帝諱允炆。太祖孫，懿文太子第二子也。母妃呂氏。帝生穎慧好學，性至孝。年十四，侍懿文太子疾，晝夜不暫離。更二年，太子薨，居喪毀瘠。太祖撫之曰：「而誠純孝，顧不念我乎。」洪武二十五年九月，立爲皇太孫。二十九年，重定諸王見東宮儀制，朝見後於內殿行家人禮，以諸王皆尊屬也。初，太祖命太子省決章奏，太子性仁厚，於刑獄多所減省。至是以命太孫，太孫亦復佐以寬大。嘗請於太祖，遍考禮經，參之歷朝刑法，改定洪武律畸重者七十三條，天下莫不頌德焉。

三十一年閏五月，太祖崩。辛卯，卽皇帝位。大赦天下，以明年爲建文元年。是日，葬高皇帝於孝陵。詔行三年喪。羣臣請以日易月。帝曰：「朕非效古人亮陰不言也。朝則麻冕裳，退則齊衰杖經，食則饘粥，郊社宗廟如常禮。」遂命定儀以進。丙申，詔文臣五品以上及州縣官各舉所知，非其人者坐之。六月，省并州縣，革冗員。兵部侍郎齊泰爲本部尚書，〔一〕翰林院修撰黃子澄爲太常卿，同參軍國事。

秋七月，召漢中府教授方孝孺爲翰林院侍講。〔二〕詔行寬政，赦有罪，蠲逋賦。八月，周王橚有罪，廢爲庶人，徙雲南。詔興州、營州、開平諸衞軍全家在伍者，免一人。天下衞所軍單丁者，放爲民。九月，雲南總兵官西平侯沐春卒於軍，左副將何福代領其衆。

冬十一月，工部侍郎張昺爲北平布政使，謝貴、張信掌北平都指揮使司，察燕陰事。詔求直言，舉山林才德之士。十二月癸卯，何福破斬刀幹孟，麓川平。是月，賜天下明年田租之半，釋黥軍及囚徒還鄉里。

是年，暹羅、占城入貢。

建文元年春正月癸酉，受朝，不舉樂。庚辰，大祀天地於南郊，奉太祖配。修太祖實錄。二月，追尊皇考曰孝康皇帝，廟號興宗，妣常氏曰孝康皇后。尊母妃呂氏曰皇太后，册妃馬氏爲皇后。封弟允熥爲吳王，允熞衡王，允熙徐王。立皇長子文奎爲皇太子。詔告天下，舉遺賢。賜民高年米肉絮帛，鰥寡孤獨廢疾者官爲牧養。重農桑，興學校，考察官吏，振羅災貧民，旌節孝，瘞暴骨，蠲荒田租。衞所軍戶絕者除勿勾。詔諸王毋得節制文武吏士，更定內外大小官制。三月，釋奠於先師孔子。罷天下諸司不急務。都督宋忠、徐凱、耿瓛帥兵屯開平、臨淸、山海關。調北平、永淸二衞軍於彰德、順德。侍郎暴昭、夏原吉等二十四人充採訪使，〔三〕分巡天下。甲午，京師地震，求直言。

夏四月，湘王柏自焚死。齊王榑、代王桂有罪，廢爲庶人。遣燕王世子高熾及其弟高煦、高燧還北平。六月，岷王楩有罪，廢爲庶人，徙漳州。己酉，燕山護衞百戶倪諒上變，燕旗校於諒等伏誅。詔讓燕王棣，逮王府官僚。北平都指揮張信叛附於燕。

秋七月癸酉，燕王棣舉兵反，殺布政使張昺、都司謝貴。長史葛誠、指揮盧振、教授余逢辰死之。參政郭資、副使墨麟、僉事呂震等降於燕。指揮馬宣走薊州，俞瑱走居庸。宋忠趨北平，聞變退保懷來。通州、遵化、密雲相繼降燕。丙子，燕兵陷薊州，馬宣戰死。己卯，燕兵陷居庸關。甲申，陷懷來，宋忠、俞瑱被執死，都指揮彭聚、孫泰力戰死，永平指揮郭亮等叛降燕。壬辰，谷王橞自宣府奔京師。長興侯耿炳文爲征虜大將軍，駙馬都尉李堅、都督甯忠爲左、右副將軍，帥師討燕。祭告天地宗廟社稷，削燕屬籍。詔曰：「邦家不造，骨肉周親屢謀僭逆。去年，周庶人橚僭爲不軌，辭連燕、齊、湘三王。朕以親親故，止正橚罪。今年齊王榑謀逆，又與棣、柏同謀，柏伏罪自焚死，榑已廢爲庶人。朕以棣於親最近，未忍窮治其事。今乃稱兵搆亂，圖危宗社，獲罪天地祖宗，義不容赦。是用簡發大兵，往致厥罰。咨爾中外臣民軍士，各懷忠守義，與國同心，掃茲逆氛，永安至治。」尋命安陸侯吳傑，江陰侯吳高，都督耿瓛，都指揮盛庸、潘忠、楊松、顧成、徐凱、李友、陳暉、平安，分道並進。置平燕布政使司於眞定，尙書暴昭掌司事。

八月己酉，耿炳文兵次眞定，徐凱屯河間，潘忠、楊松屯鄚州。壬子，燕兵陷雄縣，潘忠、楊松戰於月漾橋，被執。鄚州陷。壬戌，耿炳文及燕兵戰於滹沱河北，敗績，李堅、甯忠、顧成被執，炳文退保眞定。燕兵攻之不克，引去。召遼王植、寧王權歸京師，權不至，詔削護衞。丁卯，曹國公李景隆爲征虜大將軍，代耿炳文。九月戊辰，〔四〕吳高、耿瓛、楊文帥遼東兵，圍永平。戊寅，景隆兵次河間，燕兵援永平，吳高退保山海關。

冬十月，燕兵自劉家口間道襲陷大寧，守將朱鑑死之。總兵官劉眞、都督陳亨援大寧，亨叛降燕。燕以寧王權及朶顏三衞卒歸北平。辛亥，李景隆圍北平，燕兵還救。十一月辛未，李景隆及燕兵戰於鄭村壩，敗績，奔德州，諸軍盡潰。燕王棣再上書於朝。帝爲罷齊泰、黃子澄官，仍留京師。

二年春正月丙寅朔，詔天下來朝官勿賀。丁卯，釋奠於先師孔子。二月，燕兵陷蔚州，進攻大同。李景隆自德州赴援，燕兵還北平。保定知府雒僉叛降燕。甲子，復以都察院爲御史府。均江、浙田賦。詔曰：「國家有惟正之供，江、浙賦獨重，而蘇、松官田悉準私稅，用懲一時，豈可爲定則。今悉與減免，畝毋踰一斗。蘇、松人仍得官戶部。」三月丙寅朔，日有食之。賜胡廣等進士及第、出身有差。

夏四月己未，李景隆及燕兵戰於白溝河，敗之。明日復戰，敗績，都督瞿能、越嶲侯俞淵、指揮滕聚等皆戰死，景隆奔德州。五月辛未，奔濟南。燕兵陷德州，遂攻濟南。庚辰，景隆敗績於城下，南走。參政鐵鉉、都督盛庸悉力禦之。六月己酉，遣尚寶丞李得成諭燕罷兵。

秋八月癸巳，承天門災，詔求直言。戊申，盛庸、鐵鉉擊敗燕兵，濟南圍解，復德州。九月，詔錄洪武中功臣罪廢者後。辛未，封盛庸歷城侯，擢鐵鉉山東布政使，參贊軍務，尋進兵部尚書。以庸爲平燕將軍，都督陳暉、平安副之。庸屯德州，平安及吳傑屯定州，徐凱屯滄州。

冬十月，召李景隆還，赦不誅。庚申，燕兵襲滄州，徐凱被執。十二月甲午，燕兵犯濟寧，薄東昌。乙卯，盛庸擊敗之，斬其將張玉。丙辰，復戰，又敗之，燕兵走館陶。庸軍勢大振，檄諸屯軍合擊燕，絕其歸路。

三年春正月辛酉朔，凝命神寶成，告天地宗廟，御奉天殿受朝賀。乙丑，吳傑、平安邀擊燕兵於深州，不利。辛未，大祀天地於南郊。丁丑，享太廟，告東昌捷。復齊泰、黃子澄官。三月辛巳，盛庸敗燕兵於夾河，斬其將譚淵。再戰不利，都指揮莊得、楚智等力戰死。壬午，復戰，敗績，庸走德州。丁亥，都督何福援德州。癸巳，貶齊泰、黃子澄，諭燕罷兵。〔五〕閏月己亥，吳傑、平安及燕戰於藁城，敗績，還保眞定。燕兵掠眞定、順德、廣平、大名。棣上書請召還諸將息兵，遣大理少卿薛嵓報之。是月，禮制成，頒行天下。

夏五月甲寅，盛庸以兵扼燕餉道，不克。棣復遣使上書，下其使於獄。六月壬申，燕將李遠寇沛縣，焚糧艘。壬午，都督袁宇邀擊之，敗績。

秋七月己丑，燕兵掠彰德。丁酉，平安自眞定攻北平。壬寅，大同守將房昭帥兵由紫荊關趨保定，駐易州西水寨。九月甲辰，平安及燕將劉江戰於北平，敗績，還保眞定。

冬十月丁巳，眞定諸將遣兵援房昭，及燕王戰於齊眉山，敗績。十一月壬辰，遼東總兵官楊文攻永平，及劉江戰於昌黎，敗績。己亥，平安敗燕將李彬於楊村。十二月癸亥，燕兵焚眞定軍儲。詔中官奉使侵暴吏民者，所在有司繫治。是月，駙馬都尉梅殷鎮淮安。太祖實錄成。

四年春正月甲申，召故周王橚於蒙化，居之京師。燕兵連陷東阿、東平、汶上、兗州、濟陽，東平吏目鄭華，濟陽教諭王省皆死之。甲申，魏國公徐輝祖帥師援山東。〔六〕燕兵陷沛縣，知縣顏伯瑋、主簿唐子清、典史黃謙死之。癸丑，薄徐州。二月甲寅，都督何福及陳暉、平安軍濟寧，盛庸軍淮上。己卯，更定品官勳階。三月，燕兵攻宿州，平安追及於淝河，〔七〕斬其將王眞，遇伏敗績，宿州陷。

夏四月丁卯，何福、平安敗燕兵於小河，斬其將陳文。甲戌，徐輝祖等敗燕兵於齊眉山，斬其將李斌，燕兵懼，謀北歸。會帝聞訛言，謂燕兵已北，召輝祖還，何福軍亦孤。庚辰，諸將及燕兵大戰於靈璧，敗績，陳暉、平安、禮部侍郎陳性善、大理寺卿彭與明皆被執。五月癸未，楊文帥遼東兵赴濟南，潰於直沽。己丑，盛庸軍潰於淮上，燕兵渡淮，趨揚州。指揮王禮等叛降燕，御史王彬、指揮崇剛死之。辛丑，燕兵至六合，諸軍迎戰，敗績。壬寅，詔天下勤王，遣御史大夫練子寧、侍郎黃觀、修撰王叔英分道徵兵。召齊泰、黃子澄還。蘇州知府姚善、寧波知府王璡、徽州知府陳彥回、樂平知縣張彥方各起兵入衞。甲辰，遣慶成郡主如燕師，議割地罷兵。

六月癸丑，盛庸帥舟師敗燕兵於浦子口，復戰不利。都督僉事陳瑄以舟師叛附於燕。

乙卯，燕兵渡江，盛庸戰於高資港，敗績。戊午，鎮江守將童俊叛降燕。庚申，燕兵至龍潭。辛酉，命諸王分守都城，遣李景隆及兵部尚書茹瑺、都督王佐如燕軍，申前約。壬戌，復遣谷王橞、安王楹往。皆不聽。甲子，遣使齎蠟書四出，促勤王兵。乙丑，燕兵犯金川門，左都督徐增壽謀內應，伏誅。谷王橞及李景隆叛，納燕兵，都城陷。宮中火起，帝不知所終。燕王遣中使出帝后屍於火中，越八日壬申葬之。

或云帝由地道出亡。正統五年，有僧自雲南至廣西，詭稱建文皇帝。思恩知府岑瑛聞於朝。按問，乃鈞州人楊行祥，年已九十餘，下獄，閱四月死。同謀僧十二人，皆戍遼東。自後滇、黔、巴、蜀間，相傳有帝爲僧時往來跡。正德、萬曆、崇禎間，諸臣請續封帝後，及加廟諡，皆下部議，不果行。大清乾隆元年，詔廷臣集議，追諡曰恭閔惠皇帝。

贊曰：惠帝天資仁厚。踐阼之初，親賢好學，召用方孝孺等。典章制度，銳意復古。嘗因病晏朝，尹昌隆進諫，卽深自引咎，宣其疏於中外。又除軍衞單丁，減蘇、松重賦，皆惠民之大者。乃革命而後，紀年復稱洪武，嗣是子孫臣庶以紀載爲嫌，草野傳疑，不無訛謬。更越聖朝，得經論定，尊名壹惠，君德用彰，懿哉。

校勘記

〔一〕六月至兵部侍郎齊泰爲本部尙書　據本書卷一一一七卿年表，齊泰任兵部尙書在五月，國榷卷一一頁七八八繫於閏五月甲午，均不作六月。

〔二〕秋七月召漢中府教授方孝孺爲翰林院侍講　明史稿紀四建文帝紀、國榷卷一一頁七八九、明史本紀原本補本異同錄都繫此事於六月。

〔三〕侍郎暴昭夏原吉等二十四人充採訪使　據本書卷一一一七卿年表、明史本紀原本補本異同錄，時暴昭爲刑部尙書。

〔四〕九月戊辰　戊辰，原作「壬辰」。按是年九月戊辰朔，壬辰是二十五日，不得在十一日戊寅前，據明史稿紀四建文帝紀、太宗實錄卷三改。

〔五〕癸巳貶齊泰黃子澄諭燕罷兵　按是年三月庚申朔，不得有癸巳日，癸巳日在閏三月。下文「閏月」二字應提在「癸巳」日之上。國榷卷一一頁八二四繫「諭燕罷兵」事於建文三年閏三月，是。

〔六〕甲申魏國公徐輝祖帥師援山東　按上文本月已有甲申，不應重出。明史稿紀四建文帝紀繫此事於「辛丑」。

〔七〕燕兵攻宿州平安追及於淝河　淝河，原作「肥河」，據本書卷五成祖紀、明史稿紀四建文帝紀、太宗實錄卷八改。按肥河在蒙城縣，淝河在宿州，作淝河是。

明史卷五

本紀第五

成祖一

成祖啓天弘道高明肇運聖武神功純仁至孝文皇帝諱棣，太祖第四子也。母孝慈高皇后。洪武三年，封燕王。十三年，之藩北平。王貌奇偉，美髭髯。智勇有大略，能推誠任人。二十三年，同晉王討乃兒不花。晉王怯不敢進，王倍道趨迤都山，獲其全部而還，太祖大喜。是後屢帥諸將出征，並令王節制沿邊士馬，王威名大振。

三十一年閏五月，太祖崩，皇太孫卽位，遺詔諸王臨國中，毋得至京師。王自北平入奔喪，聞詔乃止。時諸王以尊屬擁重兵，多不法。帝納齊泰、黃子澄謀，欲因事以次削除之。憚燕王强，未發，乃先廢周王橚，欲以牽引燕。於是告訐四起，湘、代、齊、岷皆以罪廢。王內自危，佯狂稱疾。泰、子澄密勸帝除王，帝未決。

建文元年夏六月，燕山百戶倪諒告變，逮官校於諒、周鐸等伏誅。下詔讓王，并遣中官逮王府僚，王遂稱疾篤。都指揮使謝貴、布政使張昺以兵守王宮。王密與僧道衍謀，令指揮張玉、朱能潛納勇士八百人入府守衞。

秋七月癸酉，匿壯士端禮門，紿貴、昺入，殺之，遂奪九門。上書天子指泰、子澄爲奸臣，并援祖訓「朝無正臣，內有奸惡，則親王訓兵待命，天子密詔諸王統領鎭兵討平之」。書既發，遂舉兵。自署官屬，稱其師曰「靖難」。拔居庸關，破懷來，執宋忠，取密雲，克遵化，降永平。二旬衆至數萬。

八月，天子以耿炳文爲大將軍，帥師致討。己酉，師至眞定，前鋒抵雄縣。壬子，王夜渡白溝河，圍雄，拔其城，屠之。甲寅，都指揮潘忠、楊松自鄚州來援，伏兵擒之，遂據鄚州，還駐白溝。大將軍部校張保來降，言大將軍軍三十萬，先至者十三萬，半營滹沱河南，半營河北。王懼與北軍戰，南軍且乘之也，乃縱保歸，俾揚言王師兵且至，誘其軍盡北渡河。壬戌，王至眞定，與張玉、譚淵等夾擊炳文軍，大破之，獲其副將李堅、甯忠及都督顧成等，斬首三萬級。進圍眞定，二日不下，乃引去。天子聞炳文敗，遣曹國公李景隆代領其軍。九月戊辰，江陰侯吳高以遼東兵圍永平。戊寅，景隆合兵五十萬，進營河間。王語諸將曰：

「景隆色厲而中餒，聞我在必不敢遽來，不若往援永平以致其師。吳高怯不任戰，我至必走，然後還擊景隆。堅城在前，大軍在後，必成擒矣。」丙戌，燕師援永平。壬辰，吳高聞王至，果走，追擊敗之。遂北趨大寧。

冬十月壬寅，以計入其城。〔一〕居七日，挾寧王權，拔大寧之衆及朶顏三衞卒俱南。乙卯，至會州。始立五軍：張玉將中軍，鄭亨、何壽副之；朱能將左軍，朱榮、李濬副之；李彬將右軍，徐理、孟善副之；徐忠將前軍，陳文、吳達副之；房寬將後軍，和允中、毛整副之。丁巳，入松亭關。景隆聞王征大寧，果引軍圍北平，築壘九門，世子堅守不戰。十一月庚午，王次孤山。邏騎還報曰白河流澌不可渡。王禱於神，至則冰合，乃濟師。景隆遣都督陳暉偵敵，道左，出王軍後。王分軍還擊之，暉衆爭渡河，冰忽解，溺死無算。辛未，與景隆戰於鄭村壩。王以精騎先破其七營，諸將繼至，景隆大敗，奔還。乙亥，復上書自訴。十二月，景隆調兵德州，期以明年春大舉。王乃謀侵大同，曰：「攻大同，彼必赴救，大同苦寒，南軍脆弱，且不戰疲矣。」庚申，降廣昌。

二年春正月丙寅，克蔚州。二月癸丑，至大同。景隆果由紫荆關來援。王已旋軍居庸，景隆兵多凍餒死者，不見敵而還。

夏四月，景隆進兵河間，與郭英、吳傑、平安期會白溝河。乙卯，王營蘇家橋。己未，遇平安兵河側。王以百騎前，佯却，誘安陣動，乘之，安敗走。遂薄景隆軍，戰不利。暝收軍，王以三騎殿，夜迷失道，下馬伏地視河流，乃辨東西，渡河去。庚申，復戰。景隆橫陣數十里，破燕後軍。王自帥精騎橫擊之，斬瞿能父子。令丘福衝中堅，不得入。王盪其左，景隆兵乃繞出王後，大戰良久，飛矢雨注。王三易馬，矢盡揮劍，劍折走登堤，佯引鞭若招後繼者。景隆疑有伏，不敢前，高煦救至，乃解。時南軍益集，燕將士皆失色。王奮然曰：「吾不進，敵不退，有戰耳。」乃復以勁卒突出其背，夾攻之。會旋風起，折景隆旂，王乘風縱火奮擊，斬首數萬，溺死者十餘萬人。郭英潰而西，景隆潰而南，盡喪其所賜璽書斧鉞，走德州。五月癸酉，王入德州，景隆走濟南。庚辰，攻濟南，敗景隆軍城下。鐵鉉、盛庸堅守，不克。

秋八月戊申，解圍還北平。九月，盛庸代李景隆將，復取德州，與吳傑、平安、徐凱相犄角，以困北平。時徐凱方城滄州，王佯出兵攻遼東，至通州，循河而南，渡直沽，晝夜兼行。

冬十月戊午，襲執徐凱，破其城，夜坑降卒三千人。遂渡河過德州。盛庸遣兵來襲，擊敗之。十一月壬申，至臨清。十二月丁酉，襲破盛庸將孫霖於滑口。乙卯，及庸戰於東昌，庸以火器勁弩殲王兵。會平安軍至，合圍數重，王大敗，潰圍以免，亡數萬人，張玉戰死。

三年春正月辛酉，敗吳傑、平安於威縣，又敗之於深州，遂還北平。二月乙巳，復帥師南下。三月辛巳，與盛庸遇於夾河，譚淵戰死。朱能、張武殊死鬭，庸軍少卻。會日暮，各斂兵入營。王以十餘騎逼庸營野宿，及明起視，已在圍中。乃從容引馬，鳴角穿營而去。諸將以天子有詔，毋使負殺叔父名，倉卒相顧愕眙，不敢發一矢。是日復戰，自辰至未，兩軍相勝負，東北風忽起，塵埃蔽天，燕兵大呼，乘風縱擊，庸大敗。走德州。吳傑、平安自眞定引軍與庸會，未至八十里，聞敗引還。王以計誘之，傑、安出兵襲王。閏月戊戌，遇於藁城。己亥，與戰，大風拔木，傑、安敗走，追至眞定城下。癸丑，至大名，聞齊泰、黃子澄已罷，上書請召還吳傑、平安、盛庸兵。天子使大理少卿薛嵓來報，諭王釋甲，王不奉詔。

夏五月，傑、安、庸分兵斷燕餉道，王遣指揮武勝上書，詰其故。天子怒，下勝獄。王遂遣李遠略沛縣，焚糧舟萬計。

秋七月己丑，掠彰德。丙申，降林縣。平安乘虛擣北平，王遣劉江迎戰，安敗走。房昭屯易州西水寨，攻保定，王引兵圍之。

冬十月丁巳，都指揮花英援昭，敗之峨眉山下，〔三〕斬首萬級，昭棄寨走。己卯，還北平。十一月乙巳，王自爲文祭南北陣亡將士。當是時，王稱兵三年矣。親戰陣，冒矢石，以身先士卒，常乘勝逐北，然亦屢瀕於危。所克城邑，兵去旋復爲朝廷守，僅據有北平、保定、永平三府而已。無何，中官被黜者來奔，具言京師空虛可取狀。王乃慨然曰：「頻年用兵，何時已乎？要當臨江一決，不復返顧矣。」十二月丙寅，復出師。

四年春正月乙未，由館陶渡河。癸丑，徇徐州。三月壬辰，平安以四萬騎躡王軍，王設伏淝河，大敗之。丙午，遣譚清斷徐州餉道，還至大店，爲鐵鉉軍所圍。王引兵馳援，清突圍出，合擊敗之。

夏四月丙寅，王營小河，爲橋以濟，平安趨爭橋，陳文戰死。平安軍橋南，王軍橋北，相持數日。平安轉戰，遇王於北坂，王幾爲安槊所及。番騎王騏躍入陣，掖王逸去。王曰：「南軍饑，更一二日餉至，猝未易破。」乃令千餘人守橋，夜半渡河而南，繞出安軍後。比旦，安始覺，適徐輝祖來會。甲戌，大戰齊眉山下。時燕連失大將，淮土盛暑蒸濕，諸將請休軍小河東，就麥觀釁。王曰：「今敵持久饑疲，遮其餉道，可以坐困，奈何北渡懈將士心。」乃下令欲渡河者左，諸將爭趨左。王怒曰：「任公等所之。」乃無敢復言。丁丑，何福等營靈璧，燕遮其餉道，平安分兵六萬人護之。己卯，王帥精銳橫擊，斷其軍爲二。何福空壁來援，王軍少却，高煦伏兵起，福敗走。辛巳，進薄其壘，破之，生擒平安、陳暉等三十七人，何福走免。五月己丑，下泗州，謁祖陵，賜父老牛酒。辛卯，盛庸扼淮南岸，朱能、丘福潛濟襲走之，遂克盱眙。

癸巳，王集諸將議所向，或言宜取鳳陽，或言先取淮安。王曰：「鳳陽樓櫓完，淮安多積粟，攻之未易下。不若乘勝直趨揚州，指儀眞，則淮、鳳自震。我耀兵江上，京師孤危，必有內變。」諸將皆曰善。己亥，徇揚州，駐軍江北。天子遣慶成郡主至軍中，許割地以和，不聽。六月癸丑，江防都督僉事陳瑄以舟師叛，附於王。甲寅，祭大江。乙卯，自瓜州渡，盛庸以海艘迎戰，敗績。戊午，下鎭江。庚申，次龍潭。辛酉，天子復遣大臣議割地，諸王繼至，皆不聽。乙丑，至金川門，谷王橞、李景隆等開門納王，都城遂陷。是日，王分命諸將守城及皇城，還駐龍江，下令撫安軍民。大索齊泰、黃子澄、方孝孺等五十餘人，榜其姓名曰奸臣。丙寅，諸王羣臣上表勸進。己巳，王謁孝陵。羣臣備法駕，奉寶璽，迎呼萬歲。王升輦，詣奉天殿卽皇帝位。復周王橚、齊王榑爵。壬申，葬建文皇帝。丁丑，殺齊泰、黃子澄、方孝孺，並夷其族。坐奸黨死者甚衆。戊寅，遷興宗孝康皇帝主於陵園，仍稱懿文太子。

秋七月壬午朔，大祀天地於南郊，奉太祖配。詔：「今年以洪武三十五年爲紀，明年爲永樂元年。建文中更改成法，一復舊制。山東、北平、河南被兵州縣，復徭役三年，未被兵者與鳳陽、淮安、徐、滁、揚三州蠲租一年，餘天下州縣悉蠲今年田租之半。」癸未，召前北平按察使陳瑛爲左副都御史，盡復建文朝廢斥者官。甲申，復官制。癸巳，改封吳王允熥廣澤王，衡王允熞懷恩王，徐王允熈敷惠王，隨母妃呂氏居懿文太子陵園。癸卯，江陰侯吳高督河南、陝西兵備，撫安軍民。甲辰，尚書嚴震直、王鈍，府尹薛正言等巡視山西、山東、河南、陝西。

八月壬子，侍讀解縉、編修黃淮入直文淵閣。尋命侍讀胡廣，修撰楊榮，編修楊士奇，檢討金幼孜、胡儼同入直，並預機務。執兵部尚書鐵鉉至，不屈，殺之。左軍都督劉眞鎭遼東。丁巳，分遣御史察天下利弊。戊午，都督何福爲征虜將軍，鎭寧夏，節制陝西行都司。都督同知韓觀練兵江西，節制廣東、福建。甲子，西平侯沐晟鎭雲南。九月甲申，論靖難功，封丘福淇國公，朱能成國公，張武等侯者十三人，徐祥等伯者十一人。論欵附功，封駙馬都尉王寧爲侯，茹瑺、陳瑄及都督同知王佐皆爲伯。甲午，定功臣死罪減祿例。乙未，徙山西民無田者實北平，賜之鈔，復五年。韓觀爲征南將軍，鎭廣西。

冬十月丁巳，命北平州縣棄官避靖難兵者朱寧等二百一十九人入粟免死，戍興州。己未，脩太祖實錄。丙寅，鎭遠侯顧成鎭貴州。壬申，徙封谷王橞於長沙。〔三〕甲戌，詔從征將士掠民間子女者還其家。十一月壬辰，立妃徐氏爲皇后。廢廣澤王允熥、懷恩王允熞爲庶人。十二月癸丑，蠲被兵州縣明年夏稅。

校勘記

〔一〕冬十月壬寅以計入其城　原脫「冬十月」。按上文九月已有戊辰，壬寅與戊辰相去三十四天，不能同在九月，必有一誤。是年九月戊辰朔，戊辰是九月初一日；十月丁酉朔，壬寅是十月初六日。明史稿紀五成祖紀、太宗實錄卷三均繫於十月下，今據補。

〔二〕敗之峨眉山下　峨眉山，本書卷四恭閔帝紀作「齊眉山」。按峨眉山一名齊眉山，在易州（今河北省易縣）西南，見讀史方輿紀要卷一二。另有一齊眉山，在鳳陽府靈璧縣（今安徽省靈璧縣）西南，見讀史方輿紀要卷二一。下文建文四年四月甲戌燕王軍與平安軍大戰齊眉山下，卽後者。

〔三〕壬申徙封谷王橞於長沙　此壬申記事原爲「冬十月」之首條，在「丁巳」前。按建文四年冬十月辛亥朔，壬申是二十二日，丁巳是初七日，己未是初九日，丙寅是十六日，甲戌是二十四日。壬申應在丙寅日之後，甲戌之前。據太宗實錄卷一三移後。

明史卷六

本紀第六

成祖二

永樂元年春正月己卯朔，御奉天殿受朝賀，宴羣臣及屬國使。乙酉，享太廟。辛卯，大祀天地於南郊。復周王橚、齊王榑、代王桂、岷王楩舊封。以北平爲北京。癸巳，保定侯孟善鎮遼東。丁酉，宋晟爲平羌將軍，鎮甘肅。二月庚戌，設北京留守行後軍都督府、行部、國子監，改北平曰順天府。乙卯，遣御史分巡天下，爲定制。己未，徙封寧王權於南昌。貽書鬼力赤可汗，許其遣使通好。癸亥，耕耤田。乙丑，遣使徵尙師哈立麻於烏斯藏。己巳，振北京六府饑。辛未，命法司五日一引奏罪囚。壬申，瘞戰地暴骨。甲戌，高陽王高煦備邊開平。三月庚辰，江陰侯吳高鎮大同。壬午，改北平行都司爲大寧都司，徙保定，始以大寧地畀兀良哈。戊子，平江伯陳瑄、都督僉事宣信充總兵官，督海運，餉遼東、北京，歲以爲常。甲午，振直隸、北京、山東、河南饑。

夏四月丁未朔，安南胡奃乞襲陳氏封爵，遣使察實以聞。己酉，戶部尙書夏原吉治蘇、松、嘉、湖水患。辛未，岷王楩有罪，降其官屬。甲戌，襄城伯李濬鎭江西。五月丁丑，除天下荒田未墾者額稅。癸未，宥死罪以下，遞減一等。庚寅，捕山東蝗。丁酉，河南蝗，免今年夏稅。是月，再論靖難功，封駙馬都尉袁容等三人爲侯，陳亨子懋等六人爲伯。六月壬子，代王桂有罪，削其護衞。癸丑，遣給事中、御史分行天下，撫安軍民，有司奸貪者逮治。丁巳，改上高皇帝、高皇后尊謚。戊辰，武安侯鄭亨鎭宣府。

秋七月庚寅，復貽書鬼力赤。八月己巳，發流罪以下墾北京田。甲戌，徙直隸蘇州等十郡、浙江等九省富民實北京。九月癸未，命寶源局鑄農器，給山東被兵窮民。庚寅，初遣中官馬彬使爪哇諸國。乙未，奪歷城侯盛庸爵，尋自殺。庚子，岷王楩有罪，削其護衞。

冬十一月乙亥朔，頒曆於朝鮮諸國，著爲令。壬辰，罷遣浚河民夫。甲午，北京地震。乙未，命六科辦事官言事。丙申，韓觀討柳州山賊，平之。閏月丁卯，封胡奃爲安南國王。

是年，始命內臣出鎭及監京營軍。朝鮮入貢者六，自是歲時貢賀爲常。琉球中山、山北、山南，暹羅，占城，爪哇西王，日本，剌泥，安南入貢。

二年春正月乙卯，大祀天地於南郊。己巳，召世子高熾及高陽王高煦還京師。三月乙巳，賜曾棨等進士及第、出身有差。己酉，始選進士爲翰林院庶吉士。庚戌，吏部請罪千戶違制薦士者，帝曰：「馬周不因常何進乎？果才，授之官，否則罷之可耳。」戊辰，改封歟惠王允熞甌寧王，奉懿文太子祀。

夏四月辛未朔，置東宮官屬。壬申，僧道衍爲太子少師，復其姓姚，賜名廣孝。甲戌，立子高熾爲皇太子，封高煦漢王，高燧趙王。壬午，封汪應祖爲琉球國山南王。〔一〕五月壬寅，豐城侯李彬鎮廣東，淸遠伯王友充總兵官，率舟師巡海。六月丁亥，汰冗官。辛卯，振松江、嘉興、蘇州、湖州饑。甲午，封哈密安克帖木兒爲忠順王。

秋七月壬戌，鄱陽民進書毁先賢，杖之，毁其書。丙寅，振江西、湖廣水災。八月丁酉，故安南國王陳日烜弟天平來奔。九月丙午，周王橚來朝，獻騶虞，百官請賀。帝曰：「瑞應依德而至，騶虞若果爲祥，在朕更當修省。」丁卯，徙山西民萬戶實北京。命自今御史巡行察吏毋得摭拾人言，賢否皆具實蹟以聞。

冬十月丁丑，河決開封。乙酉，蒲城、河津黃河淸。是月，籍長興侯耿炳文家，炳文自殺。十一月甲辰，御奉天門錄囚。癸丑，京師及濟南、開封地震，敕羣臣修省。戊午，蠲蘇、松、嘉、湖、杭水災田租。十二月壬辰，同州、韓城黃河淸。是月，下李景隆於獄。

是年，占城，別失八里，琉球山北、山南，爪哇，眞臘入貢。暹羅，日本，琉球中山入貢者再。

三年春正月庚戌，大祀天地於南郊。甲寅，遣使責諭安南。庚申，復免順天、永平、保定田租二年。二月己巳，行部尙書雒僉以言事涉怨誹誅。癸未，趙王高燧居守北京。三月甲寅，免湖廣被水田租。

夏六月己卯，中官鄭和帥舟師使西洋諸國。庚辰，中官山壽等帥兵出雲州覘敵。甲申，夏原吉等振蘇、松、嘉、湖饑。免天下農民戶口食鹽鈔。庚寅，胡奃謝罪，請迎陳天平歸國。

秋九月丁酉，蠲蘇、松、嘉、湖水災田租，凡三百三十八萬石。丁巳，徙山西民萬戶實北京。

冬十月，盜殺駙馬都尉梅殷。丁卯，齊王榑有罪，三賜書戒之。戊子，頒祖訓於諸王。十二月戊辰，沐晟討八百，降之。庚辰，都督僉事黃中、呂毅以兵納陳天平於安南。是年，蘇門答剌、滿剌加、古里、浡泥來貢，封其長爲王。日本貢馬，幷俘獲倭寇爲邊患者。爪哇東、西，占城，磦里，日羅夏治，合貓里，火州回回入貢。暹羅，琉球山南、山北入貢者再，琉球中山入貢者三。

四年春正月丁未，大祀天地於南郊。丙辰，初御午朝，令羣臣奏事得從容陳論。三月辛卯朔，釋奠於先師孔子。甲午，設遼東開原、廣寧馬市。乙巳，賜林環等進士及第、出身有差。丙午，胡奃襲殺陳天平於芹站，前大理卿薛嵓死之，黃中等引兵還。

夏四月己卯，遣使購遺書。五月丁酉，振常州、廬州、安慶饑。庚戌，齊王榑有罪，削官屬護衞，留之京師。六月己未朔，日當食，陰雲不見，禮官請表賀，不許。丙寅，南陽獻瑞麥，諭禮部曰：「比郡縣屢奏祥瑞，獨此爲豐年之兆。」命薦之宗廟。

秋七月辛卯，朱能爲征夷將軍，沐晟、張輔副之，帥師分道討安南，兵部尚書劉儁參贊軍務，行部尚書黃福、大理卿陳洽督餉。詔曰：「安南皆朕赤子，惟黎季犛父子首惡必誅，他脅從者釋之。罪人既得，立陳氏子孫賢者。毋養亂，毋玩寇，毋毀廬墓，毋害禾稼，毋攘財貨掠子女，毋殺降。有一於此，雖功不宥。」乙巳，申誹謗之禁。閏月壬戌，詔以明年五月建北京宮殿，分遣大臣採木於四川、湖廣、江西、浙江、山西。八月丁酉，詔通政司，凡上書奏民事者，雖小必以聞。癸丑，齊王榑廢爲庶人。九月戊辰，振蘇、松、常、杭、嘉、湖流民復業者十二萬餘戶。

冬十月戊子，成國公朱能卒於軍，張輔代領其衆。乙未，克隘留關。庚子，沐晟率師會於白鶴。十一月己巳，甘露降孝陵松柏，醴泉出神樂觀，薦之太廟，賜百官。十二月辛卯，赦天下殊死以下。張輔大破安南兵於嘉林江。丙申，拔多邦城。丁酉，克其東都。癸卯，克西都，賊遁入海。辛亥，甌寧王允熥邸第火，王薨。

是年，暹羅，占城，于闐，浡泥，日本，琉球中山、山南，婆羅入貢。爪哇東、西，眞臘入貢者再。別失八里入貢者三。琉球進閹人，還之。回回結牙曲進玉椀，却之。

五年春正月丁卯，大祀天地於南郊。己巳，張輔大敗安南兵於木丸江。二月庚寅，出翰林學士解縉爲廣西參議。三月丁巳，封尙師哈立麻爲大寶法王。辛巳，張輔大破安南兵於富良江。

夏四月己酉，振順天、河間、保定饑。五月甲子，張輔擒黎季犛、黎蒼獻京師，安南平。河南饑，逮治匿災有司。敕都察院，凡災傷不以實聞者罪之。六月癸未，以安南平，詔天下。置交阯布政司。己丑，山陽民丁珏訐其鄉人誹謗，擢爲刑科給事中。甲午，詔自永樂二年六月後犯罪去官者，悉宥之。乙未，張輔移師會韓觀討潯、柳叛蠻。癸卯，命張輔訪交阯人才，禮遣赴京師。

秋七月乙卯，皇后崩。丁卯，河溢河南。八月乙酉，左都督何福鎭甘肅。庚子，錄囚，雜犯死罪減等論戍，流以下釋之。九月壬子，鄭和還。乙卯，御奉天門，受安南俘，大賚將士。

冬十月，溥、柳蠻平。

是年，琉球中山、山南，婆羅，日本，別失八里，阿魯，撒馬兒罕，蘇門答剌，滿剌加，小葛蘭入貢。

六年春正月丁巳，岷王楩復有罪，罷其官屬。辛酉，大祀天地於南郊。二月丁未，除北京永樂五年以前逋賦，免諸色課程三年。三月癸丑，寧陽伯陳懋鎭寧夏。乙卯，除河南、山東、山西永樂五年以前逋賦。

夏四月丙申，始命雲南鄉試。五月壬戌夜，京師地震。六月庚辰，詔罷北京諸司不急之務及買辦，以甦民困；流民來歸者復三年。丁亥，張輔、沐晟還。

秋七月癸丑，論平交阯功，進封張輔英國公，沐晟黔國公，王友淸遠侯，封都督僉事柳升安遠伯，餘爵賞有差。八月乙酉，交阯簡定反，沐晟爲征夷將軍，討之，劉儁仍參贊軍務。九月己酉，命刑部疏滯獄。癸亥，鄭和復使西洋。

冬十一月丁巳，錄囚。十二月丁酉，沐晟及簡定戰於生厥江，敗績，劉儁及都督僉事呂毅、參政劉昱死之。是月，柳升、陳瑄、李彬等率舟師分道沿海捕倭。

是年，鬼力赤爲其下所弒，立本雅失里爲可汗。浡泥國王來朝。瓦剌，占城，于闐，暹羅，撒馬兒罕，榜葛剌，馮嘉施蘭，日本，爪哇，琉球中山、山南入貢。

七年春正月癸丑，賜百官上元節假十日，著爲令。乙卯，大祀天地於南郊。二月乙亥，遣使於巡狩所經郡縣存問高年，八十以上賜酒肉，九十加帛。丙子，徵致仕知府劉彥才等九十二人分署府州縣。辛巳，以北巡告天地宗廟社稷。壬午，發京師，皇太子監國。張輔、王友率師討簡定。戊子，謁鳳陽皇陵。三月甲辰，次東平州，望祭泰山。辛亥，次景州，望祭恒山。乙卯，平安自殺。壬戌，至北京。癸亥，大賚官吏軍民。丙寅，詔起兵時將士及北京効力人民雜犯死罪咸宥之，充軍者官復職，軍民還籍伍。壬申，柳升敗倭於青州海中，敕還師。

夏四月癸酉朔，皇太子攝享太廟。壬午，海寇犯欽州，副總兵李珪遣將擊敗之。閏月戊申，命皇太子所決庶務，六科月一類奏。丙辰，諭行在法司，重罪必五覆奏。五月己卯，營山陵於昌平，封其山曰天壽。乙未，封瓦剌馬哈木爲順寧王，太平爲賢義王，把禿孛羅爲安樂王。六月壬寅，察北巡郡縣長吏，擢汶上知縣史誠祖治行第一，下易州同知張騰於獄。

辛亥，給事中郭驥使本雅失里，爲所殺。丁卯，斥御史洪秉等四人，詔自今御史勿用吏員。

秋七月癸酉，淇國公丘福爲征虜大將軍，武成侯王聰、同安侯火眞副之，靖安侯王忠、安平侯李遠爲左、右參將，討本雅失里。八月甲寅，丘福敗績於臚朐河，福及聰、眞、忠、遠皆戰死。庚申，張輔敗賊於鹹子關。九月庚午朔，日有食之。張輔敗賊於太平海口。甲戌，贈北征死事李遠莒國公、王聰漳國公，遂決意親征。丙子，武安侯鄭亨率師巡邊。壬午，成安侯郭亮備禦開平。

冬十月丁未，削丘福封爵，徙其家於海南。十一月戊寅，張輔獲簡定於美良，送京師，誅之。十二月庚戌，賜濟寧至良鄉民頻年遞運者田租一年。乙丑，召張輔還。

是年，滿剌加，哈烈，撒馬兒罕，火州，古里，占城，蘇門答剌，琉球中山、山南入貢。暹羅、榜葛剌入貢者再。

八年春正月辛未，召寧陽侯陳懋隨征漠北。己卯，皇太子攝祀天地於南郊。癸巳，免去年揚州、淮安、鳳陽、陳州水災田租，贖軍民所鬻子女。二月辛丑，以北征詔天下，命戶部尚書夏原吉輔皇長孫瞻基留守北京。乙巳，皇太子錄囚，奏貰雜犯死罪以下，從之。丁未，發北京。癸亥，遣祭所過名山大川。乙丑，大閱。三月丁卯，淸遠侯王友督中軍，安遠伯柳升副之，寧遠侯何福、武安侯鄭亨督左、右哨，寧陽侯陳懋、廣恩伯劉才督左、右掖，都督劉江督前哨。甲戌，次鳴鑾戍。乙亥，誓師。

夏四月庚申，次威虜鎮，以橐駞所載水給衞士，視軍士皆食，始進膳。五月丁卯，更名臚朐河曰飲馬。甲戌，聞本雅失里西奔，遂渡飲馬河追之。己卯，及於斡難河，大敗之，本雅失里以七騎遁。丙戌，還次飲馬河，詔移師征阿魯台。丁亥，回回哈剌馬牙殺都指揮劉秉謙，據肅州衞以叛，千戶朱廸等討平之。六月甲辰，阿魯台僞降，命諸將嚴陣以待，果悉衆來犯。帝自將精騎迎擊，大敗之，追北百餘里。丁未，又敗之。己酉，班師。

秋七月丁卯，次開平。帝在軍，念士卒艱苦，每蔬食，是日宴賚，始復常膳。西寧侯宋琥鎭甘肅。辛巳，振安慶、徽州、鳳陽、鎮江饑。壬午，至北京，御奉天殿受朝賀。甲午，論功行賞有差。八月壬寅，進封柳升安遠侯。乙卯，何福自殺。庚申，河溢開封。九月己巳，幸天壽山。

冬十月丁酉，發北京。是月，倭寇福州。十一月甲戌，至京師。十二月癸巳，阿魯台遣使貢馬。戊午，陳季擴乞降，以爲交阯右布政使，季擴不受命。

是年，失捏干寇黃河東岸，寧夏都指揮王俶敗沒。浡泥、呂宋、馮嘉施蘭、蘇門答剌、榜葛剌入貢。占城貢象。琉球山南、爪哇、暹羅貢馬。琉球中山入貢者三。

九年春正月甲戌，大祀天地於南郊。丙子，柳升鎭寧夏。己卯，張輔爲征虜副將軍，會沐晟討交阯。丙戌，豐城侯李彬、平江伯陳瑄率浙江、福建兵捕海寇。二月辛亥，陳瑛有罪，下獄死。丙辰，詔赦交阯。丁巳，倭陷昌化千戶所。己未，工部尚書宋禮開會通河。三月甲子，賜蕭時中等進士及第、出身有差。壬午，浚祥符縣黃河故道。戊子，劉江鎭遼東。

夏六月乙巳，鄭和還自西洋。是月，下交阯右參議解縉於獄。

秋七月丙子，張輔敗賊於月常江。九月戊寅，諭法司，凡死罪必五覆奏。壬午，命屯田軍以公事妨農務者，免徵子粒，著爲令。

冬十月乙未，寬北京謫徙軍民賦役。癸卯，封哈密兔力帖木兒爲忠義王。乙巳，復修太祖實錄。十一月戊午，蠲陝西逋賦。癸亥，張輔敗賊於生厥江。丁卯，立皇長孫瞻基爲皇太孫。壬申，韓觀爲征夷副將軍，改鎭交阯，都指揮葛森鎭廣西。丙子，赦法司決遣罪囚毋淹滯。是月，遣使督瘞戰場暴骨。十二月壬辰，赦宥福餘、朶顏、泰寧三衞罪，令入貢。閏月丁巳，命府部諸臣陳軍民利弊。

是年，浙江、湖廣、河南、順天、揚州水，河南、陝西疫，遣使振之。滿剌加王來朝。爪哇、榜葛剌、古里、柯枝、蘇門答剌、阿魯、彭亨、急蘭丹、南巫里、暹羅入貢。阿魯台來貢馬，別失八里獻文豹。琉球中山入貢者三。

十年春正月己丑，命入覲官千五百餘人各陳民瘼，不言者罪之，言有不當勿問。丁酉，大祀天地於南郊。癸丑，振平陽饑，逮治布政使及郡縣官不奏聞者。二月辛酉，蠲山西、河南逋賦。庚辰，遼王植有罪，削其護衞。三月丁亥，豐城侯李彬討甘肅叛寇八耳思朶羅歹。戊子，賜馬鐸等進士及第、出身有差。甲辰，免北京水災租稅。

夏六月甲戌，諭戶部，凡郡縣有司及朝使目擊民艱不言者，悉逮治。

秋七月癸卯，禁中官干預有司政事。八月癸丑，張輔大破交阯賊於神投海。己未，敕邊將自長安嶺迤西迄洗馬林築石垣，深濠塹。

冬十月戊辰，獵城南武岡。十一月壬午，侍講楊榮經略甘肅。丙申，鄭和復使西洋。〔三〕

是年，浡泥、占城、暹羅、滿剌加、榜葛剌、蘇門答剌、南浡利、球琉山南入貢。

十一年春正月辛巳朔，日有食之，詔罷朝賀宴會。壬午，諭通政使、禮科給事中，凡朝覲官境內災傷不以聞爲他人所奏者，罪之。辛卯，大祀天地於南郊。辛丑，豐城侯李彬鎭甘肅，召宋琥還。二月辛亥，始設貴州布政司。癸亥，令北京民戶分養孳生馬，著爲令。甲子，幸北京，皇太孫從。尙書蹇義、學士黃淮、諭德楊士奇、洗馬楊溥輔皇太子監國。乙丑，發京師，命給事中、御史所過存問高年，賜酒肉及帛。丙寅，葬仁孝皇后於長陵。辛未，次鳳陽，謁皇陵。

夏四月己酉，至北京。五月丁未，曹縣獻騶虞，禮官請賀，不許。

秋七月戊寅，封阿魯台爲和寧王。八月甲子，北京地震。乙丑，鎭遠侯顧成討思州、靖州叛苗。九月壬午，詔自今郡縣官每歲春行視境內，蝗蝻害稼卽捕絕之，不如詔者二司并罪。

冬十月丙寅，以璽書命皇太子錄囚。十一月戊寅，以野蠶繭爲衾，命皇太子薦太廟。壬午，瓦剌馬哈木兵渡飲馬河，阿魯台告警，命邊將嚴守備。甲申，寧陽侯陳懋，都督譚靑、馬聚、朱崇巡寧夏、大同、山西邊，簡練士馬。尋命陝西、山西及潼關等五衞兵駐宣府，中都、遼東、河南三都指揮使司及武平等四衞兵會北京。乙巳，應城伯孫巖備開平。十二月壬子，張輔、沐晟大敗交阯賊於愛子江。

是年，馬哈木弑其主本雅失里，〔三〕立答里巴爲可汗。別失八里、滿剌加、占城、爪哇西王入貢。琉球中山入貢者四。琉球山南入貢者再。

校勘記

〔一〕封汪應祖爲琉球國山南王　汪應祖，本書卷三二三琉球傳作「王應祖」。

〔二〕丙申鄭和復使西洋　丙申，原作「丙辰」。按是年十一月壬午朔，不得有丙辰日，據明史稿紀五成祖紀、太宗實錄卷八六改。

〔三〕是年馬哈木弒其主本雅失里　「是年」卽永樂十一年。本書卷三二八外國瓦剌傳作「十年」。按太宗實錄卷八三永樂十年五月乙酉稱：「瓦剌順寧王馬哈木等遣其知院海答兒等隨指揮孫觀保來朝，且言旣滅本雅失里，得其傳國璽，欲遣使進獻。」作「十年」是，此當係誤入。

明史卷七

本紀第七

成祖三

十二年春正月庚寅，思州苗平。辛丑，發山東、山西、河南及鳳陽、淮安、徐、邳民十五萬，運糧赴宣府。二月己酉，大閱。庚戌，親征瓦剌，安遠侯柳升領大營，武安侯鄭亨領中軍，寧陽侯陳懋、豐城侯李彬領左、右哨，成山侯王通、都督譚青領左、右掖，都督劉江、朱榮爲前鋒。庚申，振鳳翔、隴州饑，按長吏不言者罪。三月癸未，張輔俘陳季擴于老撾以獻，交阯平。庚寅，發北京，皇太孫從。

夏四月甲辰朔，次興和，大閱。己酉，頒軍中賞罰號令。庚戌，設傳令紀功官。丁卯，次屯雲谷，孛羅不花等來降。五月丁丑，命尚書、光祿卿、給事中爲督陣官，察將士用命不用命者。六月甲辰，劉江遇瓦剌兵，戰於康哈里孩，敗之。戊申，次忽蘭忽失溫，馬哈木帥衆來犯，大敗之，追至土剌河，馬哈木宵遁。庚戌，班師，宣捷於阿魯台。戊午，次三峯山，阿魯台遣使來朝。己巳，以敗瓦剌詔天下。

秋七月戊子，次紅橋。詔六師入關有踐田禾取民畜產者，以軍法論。己亥，次沙河，皇太子遣使來迎。八月辛丑朔，至北京，御奉天殿受朝賀。丙午，蠲北京州縣租二年。戊午，賞從征將士。九月癸未，郭亮、徐亨備開平。丙戌，靖州苗平。甲午，費瓛鎮甘肅，劉江鎮遼東。閏月甲辰，以太子遣使迎駕緩，徵侍讀黃淮，侍講楊士奇，正字金問及洗馬楊溥、芮善下獄，未幾釋士奇復職。甲子，召吳高還。丁卯，都督朱榮鎮大同。

冬十一月甲辰，錄囚。庚戌，廢晉王濟熺爲庶人。庚申，蠲蘇、松、杭、嘉、湖水災田租四十七萬九千餘石。

是年，泥八剌國沙的新葛來朝，封爲王。彭亨、烏斯藏入貢。眞臘進金縷衣。琉球中山王貢馬。榜葛剌貢麒麟。

十三年春正月丙午，塞居庸以北隘口。丁未，馬哈木謝罪請朝貢，許之。壬子，北京午門災。戊午，敕內外諸司蠲諸宿逋，將士軍官犯罪者悉宥之。二月癸酉，遣指揮劉斌、給事中張磐等十二人巡視山西、山東、大同、陝西、甘肅、遼東軍操練、屯政，覈實以聞。甲戌，命行在禮部會試天下貢士。癸未，張輔等師還。戊子，論平交阯功，賞賚有差。三月己亥，策士於北京，賜陳循等進士及第、出身有差。丙午，廣西蠻叛，指揮同知葛森討平之。

夏四月戊辰，張輔鎭交阯。五月丁酉朔，日有食之。乙丑，鑿淸江浦，通北京漕運。六月，振北京、河南、山東水災。

秋七月癸卯，鄭和還。乙巳，四川戎縣山都掌蠻平。八月庚辰，振山東、河南、北京順天州縣饑。九月壬戌，北京地震。

冬十月甲申，獵於近郊。壬辰，法司奏侵冒官糧者，帝怒，命戮之。及覆奏，帝曰：「朕過矣，仍論如律，自今死罪者皆五覆奏，著爲令。」十二月，蠲順天、蘇州、鳳陽、浙江、湖廣、河南、山東州縣水旱田租。

是年，琉球山南、山北，爪哇西王，占城，古里，柯枝，南渤利，甘巴里，滿剌加，忽魯謨斯，哈密，哈烈，撒馬兒罕，火州，土魯番，蘇門答剌，俺都淮，失剌思入貢。麻林及諸番進麒麟、天馬、神鹿。琉球中山入貢者再。

十四年春正月己酉，北京、河南、山東饑，免永樂十二年逋租，發粟一百三十七萬石有奇振之。辛酉，都督金玉討山西廣靈山寇，平之。三月癸巳，都督梁福鎭湖廣、貴州。壬寅，阿魯台敗瓦剌，來獻捷。

夏四月壬申，禮部尚書呂震請封禪。〔一〕帝曰：「今天下雖無事，四方多水旱疾疫，安敢自謂太平。且六經無封禪之文，事不師古，甚無謂也。」不聽。乙亥，胡廣爲文淵閣大學士。六月丁卯，都督同知蔡福等備倭山東。

秋七月丁酉，遣使捕北京、河南、山東州縣蝗。壬寅，河決開封。乙巳，錦衣衞指揮使紀綱有罪伏誅。〔二〕八月癸酉旦，壽星見，禮臣請上表賀，不許。丁亥，作北京西宮。九月癸卯，京師地震。戊申，發北京。

冬十月丁丑，次鳳陽，祀皇陵。癸未，至自北京，謁孝陵。十一月壬寅，詔文武羣臣集議營建北京。丙午，召張輔還。戊申，漢王高煦有罪，削二護衞。徙山東、山西、湖廣流民於保安州，賜復三年。十二月丁卯，鄭和復使西洋。

是年，占城、古里、爪哇、滿剌加、蘇門答剌、南巫里、浡泥、彭亨、錫蘭山、溜山、南渤利、阿丹、麻林、忽魯謨斯、柯枝入貢。琉球中山入貢者再。

十五年春正月丁酉，大祀天地於南郊。壬子，平江伯陳瑄督漕，運木赴北京。二月癸亥，谷王橞有罪，廢爲庶人。丁卯，豐城侯李彬鎮交阯。壬申，泰寧侯陳珪董建北京，柳升、王通副之。三月丁亥，交阯始貢士至京師。丙申，雜犯死罪以下囚，輸作北京贖罪。丙午，漢王高煦有罪，徙封樂安州。壬子，北巡，發京師，皇太子監國。

夏四月己巳，次郯城。申禁軍士毋踐民田稼，有傷者除今年租。或先被水旱逋租，亦除之。癸未，西宮成。五月丙戌，至北京。六月丁酉，李彬討交阯賊黎核，斬之。己亥，中官張謙使西洋還。敗倭寇於金鄉衞。

秋八月甲午，甌寧人進金丹。帝曰：「此妖人也。令自餌之，毀其方書。」九月丁卯，曲阜孔子廟成，帝親製文勒石。

冬十月，李彬敗交阯賊楊進江，斬之。十一月癸酉，禮部尙書趙羾爲兵部尙書，巡視塞北屯戍軍民利弊。

是年，西洋蘇祿東西峒王來朝。琉球中山、別失八里、琉球山南、眞臘、浡泥、占城、暹羅、哈烈、撒馬兒罕入貢。

十六年春正月甲寅，交阯黎利反，都督朱廣擊敗之。甲戌，倭陷松門衞，按察司僉事石魯坐誅。興安伯徐亨、都督夏貴備開平。二月辛丑，交阯四忙縣賊殺知縣歐陽智以叛，李彬遣將擊走之。三月甲寅，賜李騏等進士及第、出身有差。都督僉事劉鑑備邊大同。

夏五月庚戌，重修太祖實錄成。丁巳，胡廣卒。

秋七月己巳，敕責陝西諸司：「比聞所屬歲屢不登，致民流莩，有司坐視不恤，又不以聞，其咎安在。其速發倉儲振之。」贊善梁潛、司諫周冕以輔導皇太子有闕，皆下獄死。

冬十二月戊子，諭法司：「朕屢敕中外官潔己愛民，而不肖官吏恣肆自若，百姓苦之。夫良農必去稂莠者，爲害苗也。繼今，犯贓必論如法。」辛丑，成山侯王通馳傳振陝西饑。

是年，暹羅、占城、爪哇、蘇門答剌、泥八剌、滿剌加、南渤利、哈烈、沙哈魯、千里達、撒馬兒罕入貢。琉球中山入貢者再。

十七年春二月乙酉，興安伯徐亨備興和、開平、大同。

夏五月丙午，都督方政敗黎利於可藍柵。六月壬午，免順天府去年水災田租。戊子，劉江殲倭寇於望海堝，封江廣寧伯。

秋七月庚申，鄭和還。八月，中官馬騏激交阯乂安土知府潘僚反。九月丙辰，慶雲見，禮臣請表賀，不許。

冬十二月庚辰，諭法司曰：「刑者，聖人所愼。匹夫匹婦不得其死，足傷天地之和，召水旱之災，甚非朕寬恤之意。自今，在外諸司死罪，咸送京師審錄，三覆奏然後行刑。」乙未，工部侍郎劉仲廉覈實交阯戶口田賦，察軍民利病。是年，哈密、土魯番、失剌思、亦思弗罕、眞臘、占城、哈烈、阿魯、南渤利、蘇門答剌、八答黑商、滿剌加入貢。琉球中山入貢者四。

十八年春正月癸卯，李彬及都指揮孫霖、徐源敗黎利於磊江。閏月丙子，翰林院學士楊榮、金幼孜爲文淵閣大學士。庚辰，擢人材，布衣馬麟等十三人爲布政使、參政、參議。二月己酉，蒲臺妖婦唐賽兒作亂，安遠侯柳升帥師討之。三月辛巳，敗賊於卸石柵寨，都指揮劉忠戰沒，賽兒逸去。甲申，山東都指揮僉事衞青敗賊於安丘，指揮王眞敗賊於諸城，獻俘京師。戊子，山東布政使儲埏、張海，按察使劉本等坐縱盜誅。戊戌，以逗留徵柳升下吏，尋釋之。

夏五月壬午，左都督朱榮鎭遼東。庚寅，交阯參政侯保、馮貴禦賊，戰死。六月丙午，北京地震。

秋七月丁亥，徐亨備開平。八月丁酉朔，日有食之。九月己巳，召皇太子。丁亥，詔自明年改京師爲南京，北京爲京師。

冬十月庚申，李彬遣指揮使方政敗黎利於老撾。十一月戊辰，以遷都北京詔天下。是月，振青、萊饑。十二月己未，皇太子及皇太孫至北京。癸亥，北京郊廟宮殿成。

是年，始設東廠，命中官刺事。古麻剌朗王來朝。暹羅、占城、爪哇、滿剌加、蘇門答剌、蘇祿西王入貢。

十九年春正月甲子朔，奉安五廟神主於太廟。御奉天殿受朝賀，大宴。甲戌，大祀天地於南郊。戊寅，大赦天下。癸巳，鄭和復使西洋。二月辛丑，都督僉事胡原帥師巡海捕倭。三月辛巳，賜曾鶴齡等進士及第、出身有差。

夏四月庚子，奉天、華蓋、謹身三殿災，詔羣臣直陳闕失。乙巳，詔罷不便於民及不急諸務，蠲十七年以前逋賦，免去年被災田糧。己酉，萬壽節，以三殿災止賀。癸丑，蹇義等二十六人巡行天下，安撫軍民。五月乙丑，出建言給事中柯暹，御史何忠、鄭維桓、羅通等爲知州。庚寅，令交阯屯田。

秋七月己巳，帝將北征，敕都督朱榮領前鋒，安遠侯柳升領中軍，寧陽侯陳懋領御前精騎，永順伯薛斌、恭順伯吳克忠領馬隊，武安侯鄭亨、陽武侯薛祿領左右哨，英國公張輔、成山侯王通領左右掖。八月辛卯朔，日有食之。

冬十一月辛酉，分遣中官楊實、御史戴誠等覈天下庫藏出納之數。丙子，議北征軍餉，下戶部尙書夏原吉、刑部尙書吳中於獄，兵部尙書方賓自殺。辛巳，下侍讀李時勉於獄。甲申，發直隸、山西、河南、山東及南畿應天等五府，滁、和、徐三州丁壯運糧，期明年二月至宣府。

是年，瓦剌賢義王太平、安樂王把禿孛羅來朝。忽魯謨斯、阿丹、祖法兒、剌撒、不剌哇、木骨都束、古里、柯枝、加異勒、錫蘭山、溜山、南渤利、蘇門答剌、阿魯、滿剌加、甘巴里、蘇祿、榜葛剌、浡泥、古麻剌朗王入貢。暹羅入貢者再。

二十年春正月己未朔，日有食之，免朝賀，詔羣臣修省。辛未，大祀天地於南郊。壬申，豐城侯李彬卒於交阯。二月乙巳，隆平侯張信、兵部尙書李慶分督北征軍餉，役民夫二十三萬五千有奇，運糧三十七萬石。三月丙寅，詔有司遇災先振後聞。乙亥，阿魯台犯興和，都指揮王喚戰死。丁丑，親征阿魯台，皇太子監國。戊寅，發京師。辛巳，次雞鳴山，阿魯台遁。

夏四月乙卯，次雲州，大閱。五月乙丑，獵於偏嶺。丁卯，大閱。辛未，次西涼亭。壬申，大閱。乙酉，次開平。六月壬辰，令軍行出應昌，結方陣以進。癸巳，諜報阿魯台兵攻萬全，諸將請分兵還擊，帝曰：「詐也。彼慮大軍擣其巢穴，欲以牽制我師，敢攻城哉。」甲午，次陽和谷，寇攻萬全者果遁去。

秋七月己未，阿魯台棄輜重於闊欒海側北遁，發兵焚之，收其牲畜，遂旋師。謂諸將曰：「阿魯台敢悖逆，恃兀良哈爲羽翼也。當還師翦之。」簡步騎二萬，分五道並進。庚午，遇於屈裂兒河，帝親擊敗之，追奔三十里，斬部長數十人。辛未，徇河西，捕斬甚衆。甲戌，兀良哈餘黨詣軍門降。是月，皇太子免南、北直隸、山東、河南郡縣水災糧芻共六十一萬有奇。八月戊戌，諸將分道者俱獻捷。辛丑，以班師詔天下。壬寅，鄭亨、薛祿守開平。鄭和還。九月壬戌，至京師。癸亥，下左春坊大學士楊士奇於獄。丙寅，下吏部尚書蹇義、禮部尚書呂震於獄，尋俱釋之。辛未，錄從征功，封左都督朱榮武進伯，都督僉事薛貴安順伯。

冬十月癸巳，分遣中官及朝臣八十人覈天下倉糧出納之數。十二月辛卯，朱榮鎭遼東。閏月戊寅，乾淸宮災。

是年，暹羅、蘇門答剌、阿丹等國遣使隨貢方物。占城、琉球中山、卜花兒、哈密、瓦剌、土魯番、爪哇入貢。

二十一年春正月乙未，大祀天地於南郊。癸卯，交阯參將榮昌伯陳智追敗黎利於車來。二月己巳，都指揮使鹿榮討柳州叛蠻，平之。三月庚子，御史王愈等會決重囚，誤殺無罪四人，坐棄市。

夏五月癸未，免開封、南陽、衞輝、鳳陽等府去年水災田租。己丑，常山護衞指揮孟賢等謀逆，伏誅。六月庚戌朔，日有食之。

秋七月戊戌，復親征阿魯台，安遠侯柳升、遂安伯陳英領中軍，武安侯鄭亨、保定侯孟瑛領左哨，陽武侯薛祿、新寧伯譚忠領右哨，英國公張輔、安平伯李安領左掖，〔三〕成山侯王通、興安伯徐亨領右掖，寧陽侯陳懋領前鋒。庚子，釋李時勉，復其官。辛丑，皇太子監國。壬寅，發京師。戊申，次宣府，敕居庸關守將止諸司進奉。八月己酉，大閱。庚申，塞黑峪、長安嶺諸邊險要。丁丑，皇太子免兩京、山東郡縣水災田租。九月戊子，次西陽河。癸巳，聞阿魯台爲瓦剌所敗，部落潰散，遂駐師不進。

冬十月甲寅，次上莊堡，迤北王子也先土干帥所部來降，封忠勇王，賜姓名金忠。庚午，班師。十一月甲申，至京師。

是年，錫蘭山王來朝，又遣使入貢。占城、古里、忽魯謨斯、阿丹、祖法兒、剌撒、不剌哇、木骨都束、柯枝、加異勒、溜山、南渤利、蘇門答剌、阿魯、滿剌加、失剌思、榜葛剌、琉球中山入貢。

二十二年春正月甲申，阿魯台犯大同、開平，詔羣臣議北征，敕邊將整兵俟命。丙戌，徵山西、山東、河南、陝西、遼東五都司及西寧、鞏昌、洮、岷各衞兵，期三月會北京及宣府。戊子，大祀天地於南郊。癸巳，鄭和復使西洋。三月戊寅，大閱，諭諸將親征。命柳升、陳英領中軍，張輔、朱勇領左掖，王通、徐亨領右掖，鄭亨、孟瑛領左哨，薛祿、譚忠領右哨，陳懋、金忠領前鋒。己卯，賜邢寬等進士及第、出身有差。

夏四月戊申，皇太子監國。己酉，發京師。庚午，次隰寧，諜報阿魯台走答蘭納木兒河，遂趨進師。五月己卯，次開平，使使招諭阿魯台諸部。乙酉，瘞道中遺骸。丁酉，宴羣臣於應昌，命中官歌太祖御製詞五章，曰：「此先帝所以戒後嗣也，雖在軍旅何敢忘。」己亥，次威遠州。復宴羣臣，自製詞五章，命中官歌之。皇太子令免廣平、順德、揚州及湖廣、河南郡縣水災田租。六月庚申，前鋒至答蘭納木兒河，不見敵，命張輔等窮搜山谷三百里無所得，進駐河上。癸亥，陳懋等引兵抵白邙山，以糧盡還。甲子，班師，命鄭亨等以步卒西會於開平。壬申夜，南京地震。

秋七月庚辰，勒石於淸水源之崖。戊子，遣呂震以旋師諭太子，詔告天下。己丑，次蒼崖戍，不豫。庚寅，至楡木川，大漸。遺詔傳位皇太子，喪禮一如高皇帝遺制。辛卯，崩，年六十有五。太監馬雲密與大學士楊榮、金幼孜謀，以六軍在外，秘不發喪，鎔錫爲椑以斂，載以龍轝，所至朝夕上膳如常儀。壬辰，楊榮偕御馬監少監海壽馳訃皇太子。壬寅，次武平鎮，鄭亨步軍來會。八月甲辰，楊榮等至京師，皇太子卽日遣太孫奉迎於開平。己酉，次鵰鶚谷，皇太孫至軍中發喪。壬子，及郊，皇太子迎入仁智殿，加殮納梓宮。九月壬午，上尊謚曰體天弘道高明廣運聖武神功純仁至孝文皇帝，廟號太宗，葬長陵。嘉靖十七年九月，改上尊謚曰啓天弘道高明肇運聖武神功純仁至孝文皇帝，廟號成祖。

贊曰：文皇少長習兵，據幽燕形勝之地，乘建文孱弱，長驅內向，奄有四海。卽位以後，躬行節儉，水旱朝告夕振，無有壅蔽。知人善任，表裏洞達，雄武之略，同符高祖。六師屢出，漠北塵清。至其季年，威德遐被，四方賓服，受朝命而入貢者殆三十國。幅隕之廣，遠邁漢、唐。成功駿烈，卓乎盛矣。然而革除之際，倒行逆施，慙德亦曷可掩哉。

校勘記

〔一〕夏四月壬申禮部尙書呂震請封禪　此壬申記事原繫于三月，而置「夏四月」于壬申記事之后。按是年三月癸巳朔，不得有壬申日，壬申是四月初十日。據明史稿紀五成祖紀、太宗實錄卷一〇〇改。

〔二〕錦衣衛指揮使紀綱有罪伏誅　錦衣衛指揮使，太宗實録卷一〇二改作「掌錦衣衛事都指揮僉事」。

〔三〕安平伯李安領左掖　安平伯，原作「安平侯」。按李安父李遠，在成祖即位後封安平侯，永樂七年北征戰歿，李安襲伯爵，見本書卷一〇六功臣世表及卷一四五丘福傳附李遠傳。此作「安平侯」誤，據太宗實録卷一二六改。

明史卷八

本紀第八

仁宗

仁宗敬天體道純誠至德弘文欽武章聖達孝昭皇帝，諱高熾，成祖長子也。母仁孝文皇后，夢冠冕執圭者上謁，寤而生帝。幼端重沉靜，言動有經。稍長習射，發無不中。好學問，從儒臣講論不輟。

洪武二十八年，册爲燕世子。嘗命與秦、晉、周三世子分閱衞士，還獨後。問之。對曰：「旦寒甚，俟朝食而後閱，故後。」又命分閱章奏，獨取切軍民利病者白之。或文字謬誤，不以聞。太祖指示之曰：「兒忽之耶？」對曰：「不敢忽，顧小過不足瀆天聽。」又嘗問：「堯、湯時水旱，百姓奚恃？」對曰：「恃聖人有恤民之政。」太祖喜曰：「孫有君人之識矣。」

成祖舉兵，世子守北平，善拊士卒，以萬人拒李景隆五十萬衆，城賴以全。先是，郡王高煦、高燧俱以慧黠有寵於成祖。而高煦從軍有功，宦寺黃儼等復黨高燧，陰謀奪嫡，譖世子。會朝廷賜世子書，爲離間。世子不啓緘，馳上之。而儼先潛報成祖曰：「世子與朝廷通，使者至矣。」無何，世子所遣使亦至。成祖發書視之，乃歎曰：「幾殺吾子。」成祖踐阼，以北平爲北京，仍命居守。

永樂二年二月，始召至京，立爲皇太子。成祖數北征，命之監國，裁決庶政。四方水旱饑饉，輒遣振恤，仁聞大著。而高煦、高燧與其黨日伺隙讒構。或問太子：「亦知有讒人乎？」曰：「不知也，吾知盡子職而已。」

十年，北征還，以太子遣使後期，且書奏失辭，悉徵宮僚黃淮等下獄。十五年，高煦以罪徙樂安。明年，黃儼等復譖太子擅赦罪人，宮僚多坐死者。侍郎胡濙奉命察之，密疏太子誠敬孝謹七事以聞，成祖意乃釋。其後黃儼等謀立高燧，事覺伏誅，高燧以太子力解得免，自是太子始安。

二十二年七月，成祖崩於榆木川。八月甲辰，遺詔至，遣皇太孫迎喪開平。丁未，出夏原吉等於獄。丁巳，卽皇帝位。大赦天下，以明年爲洪熙元年。罷西洋寶船、迤西市馬及雲南、交阯採辦。戊午，復夏原吉、吳中官。己未，武安侯鄭亨鎭大同，保定侯孟瑛鎭交阯，襄城伯李隆鎭山海，武進伯朱榮鎭遼東。復設三公、三孤官，以公、侯、伯、尙書兼之。進楊榮太常寺卿，金幼孜戶部侍郎，兼大學士如故，楊士奇爲禮部左侍郎兼華蓋殿大學士，黃淮通政使兼武英殿大學士，俱掌內制；楊溥爲翰林學士。辛酉，鎭遠侯顧興祖充總兵官，討廣西叛蠻。甲子，汰冗官。乙丑，召漢王高煦赴京。戊辰，官吏讁隸軍籍者放還鄉。己巳，詔文臣年七十致仕。九月癸酉，交阯都指揮方政與黎利戰於茶籠州，敗績，指揮同知伍雲力戰死。丙子，召尙書黃福於交阯。庚辰，河溢開封，免稅糧，遣右都御史王彰撫恤之。壬午，敕自今官司所用物料於所產地計直市之，科派病民者罪不宥。癸未，禮部尙書呂震請除服，不許。乙酉，增諸王歲祿。丙戌，以風憲官備外任，命給事中蕭奇等三十五人爲州縣官。丁亥，黎利寇淸化，都指揮同知陳忠戰死。〔一〕戊子，始設南京守備，以襄城伯李隆爲之。乙未，散畿內民所養官馬於諸衞所。戊戌，賜吏部尙書蹇義及楊士奇、楊榮、金幼孜銀章各一，曰「繩愆糾繆」，諭以協心贊務，凡有闕失當言者，用印密封以聞。

冬十月壬寅，罷市民間金銀，革兩京戶部行用庫。癸卯，詔天下都司衞所修治城池。戊申，通政使請以四方雨澤章奏送給事中收貯。帝曰：「祖宗令天下奏雨澤，欲知水旱，以施恤民之政。積之通政司，旣失之矣，今又令收貯，是欲上之人終不知也。自今奏至卽以聞。」己酉，册妃張氏爲皇后。壬子，立長子瞻基爲皇太子。封子瞻埈爲鄭王，瞻墉越王，瞻墡襄王，瞻堈荊王，瞻墺淮王，瞻塏滕王，瞻垍梁王，瞻埏衞王。乙卯，詔中外官舉賢才，嚴舉主連坐法。丁巳，令三法司會大學士、府、部、通政、六科於承天門錄囚，著爲令。庚申，增京官及軍士月廩。〔二〕丁卯，擢監生徐永潛等二十人爲給事中。十一月壬申朔，詔禮部：「建文諸臣家屬在教坊司、錦衣衞、浣衣局及習匠、功臣家爲奴者，悉宥爲民，還其田土。言事謫戍者亦如之。」癸酉，詔有司：「條政令之不便民者以聞，凡被災不卽請振者，罪之。」阿魯台來貢馬。甲戌，詔羣臣言時政闕失。乙亥，赦兀良哈罪。始命近畿諸衞官軍更番詣京師操練。丙子，遣御史巡察邊衞。癸未，遣御史分巡天下，考察官吏。丙戌，賜戶部尚書夏原吉「繩愆糾繆」銀章。己丑，禮部奏冬至節請受賀，不許。庚寅，敕諸將嚴邊備。辛卯，禁所司擅役屯田軍士。壬辰，都督方政同榮昌伯陳智鎭交阯。是月，諭蹇義、楊士奇、夏原吉、楊榮、金幼孜曰：「前世人主，或自尊大，惡聞直言，臣下相與阿附，以至於敗。朕與卿等當用爲戒。」又諭士奇曰：「頃羣臣頗懷忠愛，朕有過方自悔，而進言者已至，良愜朕心。」十二月癸卯，宥建文諸臣外親全家戍邊者，〔三〕留一人，餘悉放還。辛亥，揭天下三司官姓名於奉天門西序。癸丑，免被災稅糧。庚申，葬文皇帝於長陵。丙寅，鎭遠侯顧興祖破平樂、潯州蠻。

是年，于闐、琉球、占城、哈密、古麻剌朗、滿剌加、蘇祿、瓦剌入貢。

洪熙元年春正月壬申朔，御奉天門受朝，不舉樂。乙亥，敕內外羣臣修舉職業。己卯，享太廟。建弘文閣，命儒臣入直，楊溥掌閣事。癸未，以時雪不降，敕羣臣修省。丙戌，大祀天地於南郊，奉太祖、太宗配。壬辰，朝臣予告歸省者賜鈔有差，著爲令。己亥，布政使周幹、按察使胡槪、參政葉春巡視南畿、浙江。二月辛丑，頒將軍印於諸邊將。戊申，祭社稷。命太監鄭和守備南京。丙辰，耕耤田。丙寅，太宗神主祔太廟。是月，南京地屢震。三月壬申，前光祿署丞權謹以孝行擢文華殿大學士。丁丑，求直言。戊子，隆平饑，戶部請以官麥貸之。帝曰：「卽振之，何貸爲。」己丑，詔曰：「刑者所以禁暴止邪，導民於善，非務誅殺也。吏或深文傅會，以致冤濫，朕深憫之。自今其悉依律擬罪。或朕過於嫉惡，法外用刑，法司執奏。五奏不允，同三公、大臣執奏，必允乃已。諸司不得鞭囚背及加人宮刑。有自宮者以不孝論。非謀反，勿連坐親屬。古之盛世，採聽民言，用資戒儆。今奸人往往摭拾，誣爲誹謗，法吏刻深，鍛鍊成獄。刑之不中，民則無措，其除誹謗禁，有告者一切勿治。」庚寅，陽武侯薛祿爲鎭朔大將軍，率師巡開平、大同邊。辛卯，參將安平伯李安與榮昌伯陳智同鎭交阯。戊戌，將還都南京，詔北京諸司悉稱行在，復北京行部及行後軍都督府。是月，南京地屢震。

夏四月壬寅，帝聞山東及淮、徐民乏食，有司徵夏稅方急，乃御西角門詔大學士楊士奇草詔，免今年夏稅及秋糧之半。士奇言：「上恩至矣，但須戶、工二部預聞。」帝曰：「救民之窮當如救焚拯溺，不可遲疑。有司慮國用不足，必持不決之意。」趣命中官具楮筆，令士奇就門樓書詔。帝覽畢，卽用璽付外行之。顧士奇曰：「今可語部臣矣。」設北京行都察院。壬子，命皇太子謁孝陵，遂居守南京。戊午，如天壽山，謁長陵。己未，還宮。是月，振河南及大名饑。南京地屢震。五月己卯，侍讀李時勉、侍講羅汝敬以言事改御史，尋下獄。庚辰，帝不豫，遣使召皇太子於南京。辛巳，大漸，遺詔傳位皇太子。是日，崩於欽安殿，年四十有八。

秋七月己巳，上尊謚，廟號仁宗，葬獻陵。

贊曰：當靖難師起，仁宗以世子居守，全城濟師。其後成祖乘輿，歲出北征，東宮監國，朝無廢事。然中遘媒孽，瀕於危疑者屢矣，而終以誠敬獲全。善乎其告人曰「吾知盡子職而已，不知有讒人也」，是可爲萬世子臣之法矣。在位一載，用人行政，善不勝書。使天假之年，涵濡休養，德化之盛，豈不與文、景比隆哉。

校勘記

〔一〕都指揮同知陳忠戰死　原脱「都」字，據本書卷一五四、明史稿傳三一陳洽傳附陳忠傳、仁宗實錄卷二下、國榷卷一八頁一二二三補。

〔二〕庚申增京官及軍士月廩　庚申，原作「丁巳」。按上文本月已有丁巳，不應重出，據明史稿紀六仁宗紀、仁宗實錄卷三下、明史本紀原本補本異同錄改。

〔三〕宥建文諸臣外親全家戍邊者　外親，原作「外戚」。按寬宥的是齊泰、黃子澄等的外親，不是皇室的「外戚」，據仁宗實錄卷五上永樂二十二年十二月癸卯條改。

明史卷九

本紀第九

宣宗

宣宗憲天崇道英明神聖欽文昭武寬仁純孝章皇帝，諱瞻基，仁宗長子也。母誠孝昭皇后。生之前夕，成祖夢太祖授以大圭曰：「傳之子孫，永世其昌。」既彌月，成祖見之曰：「兒英氣溢面，符吾夢矣。」比長，嗜書，智識傑出。

永樂七年，從幸北京，令觀農具及田家衣食，作務本訓授之。八年，成祖征沙漠，命留守北京。九年十一月，立爲皇太孫，始冠。自是，巡幸征討皆從。嘗命學士胡廣等卽軍中爲太孫講論經史。每語仁宗曰：「此他日太平天子也。」仁宗卽位，立爲皇太子。

夏四月，以南京地屢震，命往居守。五月庚辰，仁宗不豫，璽書召還。六月辛丑，還至良鄉，受遺詔，入宮發喪。庚戌，卽皇帝位。大赦天下，以明年爲宣德元年。辛亥，諭邊將嚴守備。甲寅，趣中官在外採辦者還，罷所市物。

秋七月乙亥，尊皇后爲皇太后，立妃胡氏爲皇后。辛卯，鎭遠侯顧興祖討大藤峽蠻，平之。乙未，諭法司愼刑獄。閏月戊申，安順伯薛貴、清平伯吳成、〔一〕都督馬英、都指揮梁成帥師巡邊。乙丑，楊溥入直文淵閣。八月戊辰，都指揮李英討安定曲先叛番，大敗之，安定王桑兒加失夾詣闕謝罪。壬申，詔內外羣臣舉廉潔公正堪牧民者。癸未，大理卿胡槪、參政葉春巡撫南畿、浙江。設巡撫自此始。九月壬寅，葬昭皇帝於獻陵。

冬十月戊寅，南京地震。戊子，敕公、侯、伯、五府、六部、大學士、給事中審覆重囚。十一月戊戌，顧興祖討平思恩蠻。辛酉，薛祿爲鎭朔大將軍巡邊。十二月甲申，顧興祖討平宜山蠻。

是年，哈密回回、滿剌撒丁、占城、琉球中山、爪哇、烏斯藏、瓦剌、浡泥入貢。

宣德元年春正月癸卯，享太廟。丁未，大祀天地於南郊。癸丑，赦死罪以下運糧宣府自贖。己未，遣侍郎黃宗載十五人淸理天下軍伍。後遣使，著爲令。二月戊辰，祭社稷。丁丑，耕耤田。丙戌，謁長陵、獻陵。丁亥，還宮。三月己亥，榮昌伯陳智、都督方政討黎利，敗績於茶籠州，乂安知府琴彭死之。癸丑，行在禮部侍郎張瑛兼華蓋殿大學士，直文淵閣。

夏四月乙丑，成山侯王通爲征夷將軍充總兵官，討黎利，尚書陳洽參贊軍務，陳智、方政奪官從立功。五月甲午朔，錄囚。丙申，詔赦交阯，許黎利自新。丙午，敕郡縣瘞遺骸。庚申，召薛祿還。

秋七月癸巳，京師地震。乙未，免山東夏稅。己亥，諭六科，凡中官傳旨，必覆奏始行。壬子，罷湖廣採木。八月壬戌，漢王高煦反。丙寅，宥武臣殊死以下罪，復其官。己巳，親征高煦，命鄭王瞻埈、襄王瞻墡居守，陽武侯薛祿、清平伯吳成將前鋒，大賚五軍將士。辛未，發京師。辛巳，至樂安，帝兩遺書諭降，又以敕繫矢射城中諭禍福。壬午，高煦出降。癸未，改樂安曰武定州。乙酉，班師。九月丙申，至自武定州，錮高煦於西內。戊戌，法司鞫高煦同謀者，詞連晉王、趙王，詔勿問。

冬十月戊寅，釋李時勉，復爲侍讀。十一月乙未，成山侯王通擊黎利於應平，敗績，尚書陳洽死之。十二月辛酉，免六師所過秋糧。辛未，錄囚，宥免三千餘人。乙酉，征南將軍總兵官黔國公沐晟帥興安伯徐亨、新寧伯譚忠，〔三〕征虜副將軍安遠侯柳升帥保定伯梁銘、都督崔聚，由雲南、廣西分道討黎利，兵部尚書李慶參贊軍務。

是年，爪哇、暹羅、琉球、蘇門答剌、滿剌加、白葛達、撒馬兒罕、土魯番、哈密、烏斯藏入貢。

二年春正月庚子，大祀天地於南郊。丁未，有司奏歲問囚數。帝謂百姓輕犯法，由於教化未行，命申教化。二月癸亥，行在戶部侍郎陳山爲本部尚書兼謹身殿大學士，直文淵閣。乙丑，黎利攻交阯城，王通擊敗之。三月辛卯，賜馬愉等進士及第、出身有差。

夏四月庚申，黎利陷昌江，都指揮李任，指揮顧福、劉順，知府劉子輔，中官馮智死之。甲子，晉王濟熿有罪，廢爲庶人。己巳，王通許黎利和。五月癸巳，薛祿督餉開平。己亥，仁宗神主祔太廟。丙午，錄囚。六月戊寅，錄囚。

秋七月己亥，黎利陷隘留關，鎮遠侯顧興祖擁兵不救，逮治之。庚子，錄囚。辛丑，命都督同知陳懷充總兵官，帥師討松潘蠻。丁未，薛祿敗敵於開平。八月甲子，黃淮致仕。免兩京、山西、河南州縣被災稅糧。九月壬辰，錄囚。乙未，柳升師次倒馬坡，遇伏戰死。是日，保定伯梁銘病卒。丙申，尚書李慶病卒。師大潰，參將崔聚，郎中史安，主事陳鏞、李宗昉死之。

冬十月戊寅，王通棄交阯，與黎利盟。十一月乙酉，赦黎利，遣侍郎李琦、羅汝敬立陳暠爲安南國王，悉召文武吏士還。己亥，以皇長子生大赦天下，免明年稅糧三之一。十二月丁丑，振陝西饑，并給絹布十五萬疋。

是年，爪哇、占城、暹羅、琉球、瓦剌、哈密、亦力把里、撒馬兒罕入貢。

三年春正月甲午，大祀天地於南郊。丙申，陳懷平松潘蠻。二月戊午，立皇長子祁鎮爲皇太子。是月，作帝訓成。三月癸未，廢皇后胡氏，立貴妃孫氏爲皇后。壬辰，錄囚。

夏四月癸亥，敕凡官民建言章疏，尙書、都御史、給事中會議以聞，勿諱。閏月壬寅，錄囚。免山西旱災稅糧。甲辰，命有司振卹。庚戌，論棄交阯罪，王通等及布政使弋謙、中官山壽、馬騏下獄論死，籍其家，鎭遠侯顧興祖幷下獄。五月壬子，李琦、羅汝敬還。黎利表陳暠卒，子孫幷絕，乞守國俟命。辛酉，錄囚。己巳，復遣羅汝敬等諭黎利立陳氏後。辛未，贈交阯死事諸臣。壬申，免北京被災夏稅。六月丙戌，免陝西被災夏稅。丁未，都御史劉觀巡視河道。

秋七月戊辰，錄囚。八月辛卯，罷北京行部及行後軍都督府。丁未，帝自將巡邊。九月辛亥，次石門驛。兀良哈寇會州，帝帥精卒三千人往擊之。乙卯，出喜峰口，擊寇於寬河。帝親射其前鋒，殪三人，兩翼軍並發，大破之。寇望見黃龍旂，下馬羅拜請降，皆生縛之，斬渠酋。甲子，班師。癸酉，至自喜峰口。

冬十一月癸酉，錦衣指揮鍾法保請採珠東莞，帝曰，「是欲擾民以求利也」，下之獄。十二月庚子，廣西總兵官山雲討擒忻城蠻。

是年，占城、暹羅、爪哇、琉球、瓦剌、哈密、安南、曲先、土魯番、亦力把里、撒馬兒罕入貢。

四年春正月，兩京地震。己未，大祀天地於南郊。二月己丑，南京獻騶虞二，禮部請表賀，不許。三月甲戌，遣李琦再諭黎利訪立陳氏後。

夏四月辛巳，山雲討平柳、潯蠻。戊子，工部尚書黃福、平江伯陳瑄經略漕運。五月壬子，錄囚。六月甲午，罷文吏犯贓贖罪例。己亥，寇犯開平，鎭撫張信等戰死。庚子，薛祿督餉開平。

秋七月己未，幸文淵閣。八月己卯，起復楊溥。九月癸亥，釋顧興祖於獄。

冬十月庚辰，幸文淵閣。癸未，以天寒諭法司錄囚。丙戌，製猗蘭操賜廷臣，諭以薦賢爲國之道。庚寅，張瑛、陳山罷。甲午，閱武於近郊。乙未，獵於峪口。戊戌，還宮。十一月癸卯，薛祿及恭順侯吳克忠帥師巡宣府。十二月乙亥，京師地震。壬辰，罷中官松花江造船。

是年，爪哇、占城、琉球、榜葛剌、哈密、土魯番、亦力把里、撒馬兒罕入貢。

五年春正月癸丑，大祀天地於南郊。戊辰，尚書夏原吉卒。二月壬辰，罷工部採木。癸巳，頒寬卹之令：省災傷，寬馬政，免逋欠薪芻，招流民賜復一年，罷採買，減官田舊科十之三，卹工匠，禁司倉官包納，戒法司慎刑獄。乙未，奉皇太后謁陵。三月戊申，道見耕者，下馬問農事，取耒三推，顧侍臣曰：「朕三推已不勝勞，況吾民終歲勤動乎。」命賜所過農民鈔。己酉，還宮。辛亥，李琦還，黎利稱陳氏無後，上表請封。丙辰，免山西去歲被災田租。丁巳，賜林震等進士及第、出身有差。

夏四月戊寅，薛祿帥師築赤城、鵰鶚、雲州、獨石、團山城堡。五月癸卯，追奪贓吏誥敕，著爲令。丙辰，修預備倉，出官錢收糴備荒。癸亥，擢郎中況鍾、御史何文淵九人爲知府，〔三〕賜敕遣之。六月己卯，遣官捕近畿蝗，諭戶部曰：「往年捕蝗之使害民不減於蝗，宜知此弊。」因作捕蝗詩示之。

秋七月癸亥，甄別守令。八月己巳朔，日食，陰雨不見，禮官請表賀，不許。九月丙午，擢御史于謙、長史周忱六人爲侍郎，巡撫兩京、山東、山西、河南、江西、浙江、湖廣。乙卯，巡近郊。己未，還宮。

冬十月乙亥，阿魯台犯遼東，遼海衞指揮同知皇甫斌力戰死。丙子，巡近郊。己卯，獵於坌道。丙戌，至洗馬林，遍閱城堡兵備。壬辰，還宮。十二月癸巳，曲先叛番平。閏月己未，敕內外諸司，久淹獄囚者罪之。

是年，占城、琉球、爪哇、瓦剌、哈密、罕東、土魯番、撒馬兒罕、亦力把里入貢。

六年春正月丁丑，大祀天地於南郊。庚辰，大雨雷電。二月丁酉，侍郎羅汝敬督陝西屯田。己亥，濬金龍口，引河達徐州以便漕。三月乙亥，命吏部考察外官自布政、按察二司始，著爲令。

夏四月己酉，侍郎柴車經理山西屯田。六月己亥，遣使詔黎利權署安南國事。

秋七月己巳，錄囚。壬午，許朵顏三衞市易。

冬十月甲辰，陳懷平松潘蠻。十一月丙子，始命官軍兌運民糧。乙酉，分遣御史往逮貪暴中官袁琦等。十二月乙未，袁琦等十一人棄市，榜其罪示天下。丁未，金幼孜卒。庚戌，遣御史巡視寧夏甘州屯田水利。

是年，占城、琉球、瓦剌、哈密、蘇門答剌、亦力把里入貢。

七年春正月辛酉朔，日有食之，免朝賀。癸酉，大祀天地於南郊。二月甲午，以春和諭法司錄囚。三月庚申，下詔行寬卹之政。辛酉，諭禮部曰：「朕以官田賦重，十減其三。乃聞異時蠲租詔下，戶部皆不行，甚者戒約有司，不得以詔書爲辭。是廢格詔令，使澤不下究也。自今令在必行，毋有所遏。」

夏四月辛丑，免山西逋賦。壬寅，募商中鹽輸粟入邊。六月癸卯，錄囚。癸丑，罷中官入番市馬。是月，作官箴成，凡三十五篇，示百官。

秋八月乙未，敕京官三品以上舉才行文學之士，吏部、都察院黜方面有司不職者。九月庚午，諸將巡邊。是秋，免兩畿及嘉興、湖州水災稅糧。

冬十一月辛酉，召督漕平江伯陳瑄、侍郎趙新等歲終至京議糧賦利弊。

是年，占城、琉球、哈密、哈烈、瓦剌、亦力把里入貢。

八年春正月丁卯，大祀天地於南郊。二月壬子，錄囚，宥免五千餘人。三月丙辰，賜曹鼐等進士及第、出身有差。庚辰，諭內外優卹軍士，違者風憲官察奏罪之。是春，以兩京、河南、山東、山西久旱，遣使振卹。

夏四月戊戌，詔蠲京省被災逋租、雜課，免今年夏稅，賜復一年。理冤獄，減殊死以下，赦軍匠在逃者罪。有司各舉賢良方正一人。巡按御史、按察使糾貪酷吏及使臣生事者。五月丁巳，總兵官都督蕭授討平貴州烏羅蠻。丁卯，山雲討平宜山蠻。六月乙酉，禱雨不應，作閔旱詩示羣臣。辛丑，詔中外疏決罪囚。是夏，復振兩京、河南、山東、山西、湖廣饑，免稅糧。

秋七月壬申，免江西水災稅糧。八月癸巳，汰京師冗官。閏月辛亥，西域貢麒麟。戊午，景星見。禮官請表賀，皆不許。九月乙酉，遣官錄天下重囚。己亥，阿魯台部沓卜寇涼州，總兵官劉廣擊斬之。

冬十二月乙亥，諭法司宥京官過犯。

是年，暹羅、占城、琉球、安南、滿剌加、天方、蘇門答剌、古里、柯枝、阿丹、錫蘭山、佐法兒、甘巴里、加異勒、忽魯謨斯、哈密、瓦剌、撒馬兒罕、亦力把里入貢。

九年春正月辛卯，大祀天地於南郊。二月庚戌，振鳳陽、淮安、揚州、徐州饑。乙卯，申兩京、山東、山西、河南寬卹之令。三月戊寅，山雲討平思恩叛蠻。

夏四月己未，黎利死，子麟來告喪，命麟權署安南國事。戊辰，錄囚。五月壬午，瘞暴骸。

秋七月甲申，遣給事中、御史、錦衣衞官督捕兩畿、山東、山西、河南蝗。八月庚戌，振湖廣饑。甲子，敕兩京、湖廣、江西、河南巡撫、巡按御史、三司官行視災傷，蠲秋糧十之四。乙丑，罷工部採辦。己巳，瓦剌脫歡攻殺阿魯台，來告捷。九月癸未，自將巡邊。乙酉，度居庸關。丙戌，獵於坌道。乙未，阿魯台子阿卜只俺來歸。丁酉，至洗馬林，閱城堡兵備。己亥，大獵。

冬十月丙午，還宮。丙辰，都督方政討平松潘叛蠻。甲子，罷陝西市馬。丁卯，兩畿、浙江、湖廣、江西饑，以應運南京及臨淸倉粟振濟。十一月戊戌，停刑。庚子，免四川被災稅糧。十二月甲子，帝不豫，衞王瞻埏攝享太廟。

是年，暹羅、占城、琉球、蘇門答剌、哈密、瓦剌入貢。

十年春正月癸酉朔，不視朝，命羣臣謁皇太子於文華殿。甲戌，大漸。罷採買、營造諸使。乙亥，崩於乾淸宮，年三十有八。遺詔國家重務白皇太后。丁酉，上尊謚，廟號宣宗，葬景陵。

贊曰：仁宗爲太子，失愛於成祖。其危而復安，太孫蓋有力焉。卽位以後，吏稱其職，政得其平，綱紀修明，倉庾充羡，閭閻樂業，歲不能災。蓋明興至是歷年六十，民氣漸舒，蒸然有治平之象矣。若乃强藩猝起，旋即削平，掃蕩邊塵，狡寇震懾，帝之英姿睿略，庶幾克繩祖武者歟。

校勘記

〔一〕清平伯吴成　吴成，原作「吴誠」，據本書卷一〇七功臣世表、又卷一五六吴成傳、宣宗實錄卷五洪熙元年閏七月戊申條改，下同。

〔二〕新寧伯譚忠　原作「新安伯覃忠」，據本書卷一〇六功臣世表、又卷一四五譚淵傳附譚忠傳、卷三二一安南傳，宣宗實錄卷二三，明史本紀原本補本異同錄改。

〔三〕擢郎中况鍾御史何文淵九人爲知府　原脱「御史」二字。按本書卷一六一况鍾傳、宣宗實錄卷六六及明史本紀原本補本異同錄，何文淵由御史擢，據補。

明史卷十

本紀第十

英宗前紀

英宗法天立道仁明誠敬昭文憲武至德廣孝睿皇帝，諱祁鎮，宣宗長子也。母貴妃孫氏。生四月，立爲皇太子，遂册貴妃爲皇后。

宣德十年春正月，宣宗崩，壬午，卽皇帝位。遵遺詔大事白皇太后行。大赦天下，以明年爲正統元年。始罷午朝。丁亥，尙書蹇義卒。辛丑，戶部尙書黃福參贊南京守備機務。二月戊申，尊皇太后爲太皇太后。庚戌，尊皇后爲皇太后。辛亥，封弟祁鈺爲郕王。甲寅，罷諸司冗費。三月戊寅，放教坊司樂工三千八百餘人。辛巳，罷山陵夫役萬七千人。丙申，諭三法司，死罪臨決，三覆奏然後加刑。

夏四月壬戌，以元學士吳澄從祀孔子廟庭。丁卯，以久旱考察布、按二司及府州縣官。

戊辰，遣給事中、御史捕畿南、山東、河南、淮安蝗。五月壬午，戶部言浙江、蘇、松荒田稅糧減除二百七十七萬餘石，請加覆覈。帝以覈實必增額爲民患，不許。六月丁未，令天下瘞暴骸。辛酉，葬章皇帝於景陵。

秋七月丙子，免山西夏稅之半。八月丙午，減光祿寺膳夫四千七百餘人。九月壬辰，詔督漕總兵及諸巡撫官，歲以八月至京會廷臣議事。是月，王振掌司禮監。

冬十月壬寅，遣使諭阿台朶兒只伯。辛亥，詔天下衞所皆立學。十一月戊辰朔，日有食之。十二月壬子，阿台朶兒只伯犯涼州鎭番，總兵官陳懋敗之於黑山。

是年，琉球中山、暹羅、日本、占城、安南、滿剌加、哈密、瓦剌入貢。

正統元年春正月丙戌，罷銅仁金場。庚寅，發禁軍三萬人屯田畿輔。三月己巳，賜周旋等進士及第、出身有差。乙亥，御經筵。

夏四月丁酉朔，享太廟。五月丁卯，阿台朶兒只伯寇肅州。壬辰，設提督學校官。

秋八月甲戌，右都督蔣貴充總兵官，都督同知趙安副之，帥師討阿台朶兒只伯。九月癸卯，遣侍郎何文淵、王佐，副都御史朱與言督兩淮、長蘆、浙江鹽課。欽差巡鹽自此始。庚申，封黎利子麟爲安南國王。

冬十一月乙卯，詔京官三品以上舉堪任御史者，四品及侍從言官舉堪任知縣者，各一人。免湖廣被災税糧。十二月丁丑，以邊議稽緩，下兵部尙書王驥、侍郎鄺埜於獄，尋釋之。乙酉，湖廣、貴州總兵官蕭授討廣西蒙顧十六洞賊，平之。

是年，琉球中山、爪哇、安南、烏斯藏、占城、瓦剌入貢。遣宣德時來貢古里、蘇門答剌十一國使臣還國。

二年春正月甲午，宣宗神主祔太廟。己亥，大同總兵官方政、都指揮楊洪會寧夏、甘肅兵出塞討阿台朶兒只伯。三月甲午，錄囚。戊午，御史金敬撫輯大名及河南、陝西逃民。夏四月，免河南被災田糧。五月庚寅，兵部尙書王驥經理甘肅邊務。壬寅，刑部尙書魏源經理大同邊務。丁未，免陝西平涼六府旱災夏税。六月乙亥，以宋胡安國、蔡沈、眞德秀從祀孔子廟庭。庚辰，副都御史賈諒、侍郎鄭辰振河南、江北饑。

冬十月甲子，鎭守甘肅左副總兵任禮充總兵官，都督蔣貴、都督同知趙安爲左、右副總兵，兵部侍郎柴車、僉都御史曹翼、羅亨信參贊軍務，討阿台朶兒只伯。兵部尙書王驥、太監王貴監督之。十一月乙巳，振河南饑，免税糧。

是年，琉球中山、撒馬兒罕、暹羅、土魯番、瓦剌、哈密入貢。

三年春三月己亥，京師地震。辛丑，振陝西饑。夏四月乙卯，王驥、任禮、蔣貴、趙安襲擊阿台朵兒只伯，大破之，追至黑泉還。癸未，立大同馬市。六月癸酉，以旱讞中外疑獄。乙亥，都督方政、僉事張榮同征南將軍黔國公沐晟、右都督沐昂，討麓川叛蠻思任發。

秋七月癸未，下禮部尚書胡濙於獄。辛卯，下戶部尚書劉中敷於獄。尋俱釋之。八月乙亥，以陝西饑，令雜犯死囚以下輸銀贖罪，送邊吏易米。九月癸巳，蠲兩畿、湖廣逋賦。冬十月癸丑，再振陝西饑。十二月丙辰，下刑部尚書魏源、右都御史陳智等於獄。是年，榜葛剌貢麒麟，中外表賀。琉球中山、暹羅、占城、瓦剌入貢。

四年春正月壬午，方政破麓川蠻於大寨，追至空泥，敗沒。二月丁巳，總兵官蕭授平貴州計砂叛苗。閏月辛丑，釋魏源、陳智等，復其官，幷宥棄交阯王通、馬騏罪。三月己酉，詔赦天下。壬子，賜施槃等進士及第、出身有差。庚申，廢遼王貴烚爲庶人。丁卯，黔國公沐晟卒於軍。癸酉，增南京及在外文武官軍俸廩。

夏五月庚戌，右都督沐昂爲征南將軍，充總兵官，討思任發。丁卯，錄中外囚。六月乙未，京師地震。丁酉，以京畿水災祭告天地，諭羣臣修省。戊戌，下詔寬卹，求直言。

秋七月庚戌，免兩畿、山東、江西、河南被災稅糧。壬申，汰冗官。八月戊戌，增設沿海備倭官。己亥，京師地震。

冬十二月丁丑，都督同知李安充總兵官，僉都御史王翺參贊軍務，討松潘祈命簇叛番。是年，琉球、占城、安南、瓦剌、榜葛剌、滿剌加、哈密入貢。

五年春正月己未，大祀天地於南郊。二月乙亥，侍講學士馬愉、侍講曹鼐入閣預機務。甲申，僉都御史張純、大理少卿李畛振撫畿內流民。三月戊申，建北京宮殿。

夏四月壬申，免山西逋賦。丙戌，祈命簇番降。五月，征麓川，參將張榮敗績於芒市。六月丁丑，免兩畿被災田糧。戊寅，錄囚。

秋七月辛丑，遣刑部侍郎何文淵等分行天下，修備荒之政。壬寅，楊榮卒。八月乙未，令各邊修舉荒政。九月壬寅，蠲雲南逋賦。

冬十一月壬寅，振浙江饑。壬子，免蘇、松、常、鎭、嘉、湖水災稅糧。丁巳，廣西僧楊行祥僞稱建文帝，械送京師，錮錦衣衞獄死。乙丑，沐昂討平師宗叛蠻。十二月壬午，免南畿、浙江、山東、河南被災稅糧。

是年，占城、琉球中山、哈密、烏斯藏入貢。

六年春正月己亥朔，日當食，不見，禮官請表賀，不許。庚戌，大祀天地於南郊。乙卯，以莊浪地屢震，躬祀郊廟，遣使祭西方嶽鎮。大舉征麓川，定西伯蔣貴爲平蠻將軍，都督同知李安、僉事劉聚副之，兵部尚書王驥總督軍務。三月庚子，下兵部侍郎于謙於獄。

夏四月甲午，以災異遣使省天下疑獄。五月甲寅，刑部侍郎何文淵、大理卿王文錄在京刑獄，巡撫侍郎周忱、刑科給事中郭瑾錄南京刑獄。釋于謙爲大理少卿。

秋七月丁未，振浙江、湖廣饑。

冬十月丁丑，戶部尚書劉中敷，侍郎吳璽、陳瑺荷校於長安門，旬餘釋還職。庚寅，免畿內被災稅糧。十一月甲午朔，乾淸、坤寧二宮，奉天、華蓋、謹身三殿成，大赦。定都北京，文武諸司不稱行在。癸卯，王驥拔麓川上江寨。癸丑，免河南、山東及鳳陽等府被災稅糧。閏月甲戌，復下劉中敷、吳璽、陳瑺於獄。踰年，釋中敷爲民，璽、瑺戍邊。十二月，王驥克麓川，思任發走孟養。丁未，班師。左副總兵李安攻餘賊於高黎貢山，敗績。

是年，占城、瓦剌、哈密入貢。

七年春正月甲戌，大祀天地於南郊。二月庚申，如天壽山。三月甲子，還宮。乙亥，免陝西屯糧十之五。戊寅，賜劉儼等進士及第、出身有差。

夏四月甲午，振陝西饑。是月，免山西、河南、山東被災稅糧。五月壬申，論平麓川功，進封蔣貴爲侯，王驥靖遠伯。戊寅，立皇后錢氏。丁亥，倭陷大嵩所。六月壬子，戶部侍郎焦宏備倭浙江。

秋七月丙寅，振陝西饑民，贖民所鬻子女。八月壬寅，復命王驥總督雲南軍務。九月甲戌，陝西進嘉禾，禮臣請表賀，不許。

冬十月壬辰，兀良哈犯廣寧。乙巳，太皇太后崩。十二月，葬誠孝昭皇后於獻陵。

是年，占城、瓦剌、哈密、琉球中山、安南、爪哇、土魯番、烏斯藏入貢。

八年春正月丁卯，大祀天地於南郊。二月己丑，汰南京冗官。戊戌，淮王瞻墺來朝。丙午，荊王瞻堈來朝。

夏五月己巳，復命平蠻將軍蔣貴、王驥帥師征麓川思任發子思機發。戊寅，雷震奉天殿鴟吻，敕修省。壬午，大赦。六月丁亥，侍講劉球陳十事，下錦衣衞獄，太監王振使指揮馬順殺之。甲辰，下大理少卿薛瑄於獄。

秋七月戊午，祭酒李時勉荷校於國子監門三日。九月甲子，思機發請降。冬十一月，宣宗廢后胡氏卒。十二月癸未，免山東復業民稅糧二年。丙戌，駙馬都尉焦敬荷校於長安右門。

是年，占城、安南、瓦剌、哈密、爪哇入貢。

九年春正月甲寅，右都御史王文巡延安、寧夏邊。辛酉，大祀天地於南郊。辛未，成國公朱勇，興安伯徐亨，都督馬亮、陳懷，同太監僧保、曹吉祥、劉永誠、但住分道討兀良哈。二月丙午，王驥擊走思機發，俘其孥以獻。召驥還。三月辛亥朔，新建太學成，釋奠於先師孔子。甲子，朱勇等師還。楊士奇卒。乙丑，敍征兀良哈功，封陳懷平鄉伯，馬亮招遠伯；成國公朱勇等進秩有差。

夏四月丙戌，翰林學士陳循直文淵閣，預機務。丁亥，振沙州及赤斤蒙古饑。五月己未，命法司錄在京刑獄，刑部侍郎馬昂錄南京刑獄。六月壬午，振湖廣、貴州蠻饑。

秋七月己酉，下駙馬都尉石璟於獄。處州賊葉宗留盜福安銀礦，殺福建參議竺淵。癸丑，免河南被災稅糧。閏月戊寅，復開福建、浙江銀場。甲申，瘞暴骸。壬寅，雷震奉先殿鴟吻。八月庚戌，免陝西被災稅糧，贖民所鬻子女。甲戌，敕邊將備瓦剌也先。九月丁亥，靖遠伯王驥、右都御史陳鎰經理西北邊備。

冬十月丙午朔，日有食之。庚午，兀良哈貢馬謝罪。

是年，兩畿、山東、河南、浙江、湖廣大水，江河皆溢。暹羅、琉球中山、瓦剌、安南、烏斯藏、滿剌加入貢。

十年春正月丙戌，大祀天地於南郊。戊子，詔舉智勇之士。二月丁巳，京師地震。己未，免陝西逋賦。丙寅，兀良哈貢馬，請貸犯邊者罪，不許。壬申，如天壽山。三月丙子，還宮。庚辰，思機發入貢謝罪。庚寅，賜商輅等進士及第、出身有差。

夏四月甲辰朔，日有食之。庚申，詔所在有司飼逃民復業及流移就食者。六月乙丑，振陝西饑，免田租三之二。

秋七月乙未，減羅河南、懷慶倉粟，濟山、陝饑。八月癸丑，免湖廣旱災秋糧。丙辰，免蘇、松、嘉、湖十四府州水災秋糧。

冬十月戊辰，侍讀學士苗衷爲兵部侍郎，侍講學士高穀爲工部侍郎，並入閣預機務。十二月丙辰，緬甸獲思任發，斬其首送京師。壬戌，輸河南粟振陝西饑。〔一〕廣西總兵官安遠侯柳溥討平慶遠叛蠻。

是年，琉球中山、哈密、亦力把里、安南、占城、滿剌加、錫蘭山、撒馬兒罕、烏斯藏入貢。

十一年春正月己卯，大祀天地於南郊。庚辰，予太監王振等弟姪世襲錦衣衞官。二月辛酉，異氣見華蓋、奉天殿，遣官祭告天地。癸亥，詔卹刑獄。三月戊辰，下戶部尚書王佐、刑部尚書金濂、右都御史陳鎰等於錦衣衞獄，尋釋之。壬申，御史柳華督福建、浙江、江西兵討礦賊。癸酉，如天壽山。庚辰，還宮。

夏六月丙辰，京師地震。

秋七月癸酉，增市廛稅鈔。庚辰，楊溥卒。八月戊戌，免湖廣被災秋糧。庚申，下吏部尚書王直等於獄，尋釋之。九月辛巳，廣西猺叛，執化州知州茅自得，殺千戶汪義。

冬十月甲寅，遣給事中、御史分賚諸邊軍士。十一月壬申，減殊死以下罪。

是年，琉球中山、暹羅、安南、爪哇、回回哈密、占城、亦力把里、撒馬兒罕、烏斯藏入貢。

十二年春正月癸酉，大祀天地於南郊。三月癸亥，如天壽山。庚午，還宮。丙子，免杭、嘉、湖被災秋糧。

夏四月丁巳，免蘇、松、常、鎮被災秋糧。五月己亥，大理少卿張驥振濟寧及淮、揚饑。

秋七月甲辰，敕各邊練軍備瓦剌。八月庚申朔，日有食之。九月乙未，馬愉卒。是年，琉球中山、安南、占城、瓦剌、爪哇、哈密、暹羅入貢。

十三年春正月丁酉，大祀天地於南郊。三月戊子，詔責孟養宣慰司獻思機發。壬寅，賜彭時等進士及第、出身有差。王驥仍總督軍務，都督同知宮聚爲平蠻將軍，充總兵官，帥師討思機發。

夏四月，免浙江、江西、湖廣被災秋糧。五月丙戌，遣使捕山東蝗。甲辰，刑部侍郎丁鉉撫輯河南、山東災民。

秋七月乙酉，河決大名，沒三百餘里，遣使蠲振。己酉，河決河南，沒曹、濮、東昌，潰壽張沙灣，壞運道，工部侍郎王永和治之。八月乙卯，福建賊鄧茂七作亂。甲戌，命御史丁瑄捕之。

冬十一月丙戌，寧陽侯陳懋充總兵官，保定伯梁瑤、平江伯陳豫副之，太監曹吉祥、王瑾提督火器，刑部尙書金濂參贊軍務，討鄧茂七。甲辰，處州賊流劫金華諸縣。庚戌，永康侯徐安備倭山東。十二月庚午，廣東瑤賊作亂。

是年，琉球中山、安南、占城入貢。瓦剌貢使三千人，賞不如例，遂構釁。

十四年春正月甲午，大祀天地於南郊。乙巳，免浙江、福建銀課。二月丁巳，御史丁瑄、指揮劉福擊斬鄧茂七於延平。己巳，王驥破思機發於金沙江，又破之鬼哭山，班師。辛未，指揮僉事徐恭充總兵官，討處州賊葉宗留，工部尚書石璞參贊軍務。三月戊子，如天壽山。癸巳，還宮。

夏四月庚戌，處州賊犯崇安，殺都指揮吳剛。壬戌，湖廣、貴州苗賊大起，命王驥討之。乙丑，遣御史十三人同中官督福建、浙江銀課。五月丙戌，陳懋擊破沙縣賊。壬辰，旱，太監金英同法司錄囚。己亥，侍讀學士張益直文淵閣，預機務。庚子，巡按福建御史汪澄棄市，并殺前巡按御史柴文顯。六月庚戌，靖州苗犯辰溪，都指揮高亮戰死。丙辰，南京謹身諸殿災。甲子，修省。詔河南、山西班軍番休者盡赴大同、宣府。乙丑，西寧侯宋瑛總督大同兵馬。己巳，赦天下。戊寅，平鄉伯陳懷，駙馬都尉井源，都督王貴、吳克勤，太監林壽，分練京軍於大同、宣府，備瓦剌。

秋七月己丑，瓦剌也先寇大同，參將吳浩戰死，下詔親征。吏部尚書王直帥羣臣諫，不聽。癸巳，命郕王居守。是日，西寧侯宋瑛、武進伯朱冕與瓦剌戰於陽和，敗沒。甲午，發京師。乙未，次龍虎臺，軍中夜驚。丁酉，次居庸關。辛丑，次宣府。羣臣屢請駐蹕，不許。丙午，次陽和。八月戊申，次大同。鎮守太監郭敬諫，議旋師。己酉，廣寧伯劉安爲總兵官，鎮大同。庚戌，師還。丁巳，次宣府。庚申，瓦剌兵大至，恭順侯吳克忠、都督吳克勤戰沒，成國公朱勇、永順伯薛綬救之，至鷂兒嶺遇伏，全軍盡覆。辛酉，次土木，被圍。壬戌，師潰，死者數十萬。英國公張輔，泰寧侯陳瀛，駙馬都尉井源，平鄉伯陳懷，襄城伯李珍，遂安伯陳塤，修武伯沈榮，都督梁成、王貴，尚書王佐、鄺埜，學士曹鼐、張益，侍郎丁鉉、王永和，〔二〕副都御史鄧棨等，皆死，帝北狩。甲子，京師聞敗，羣臣聚哭於朝，侍講徐珵請南遷，兵部侍郎于謙不可。乙丑，皇太后命郕王監國。戊辰，帝至大同。己巳，皇太后命立皇子見深爲皇太子。辛未，帝至威寧海子。甲戌，至黑河。九月癸未，郕王卽位，遙尊帝爲太上皇帝。

校勘記

〔一〕壬戌輸河南粟振陝西饑　壬戌，原作「壬辰」。按正統十年十二月庚子朔，不得有壬辰日。據英宗實錄卷一三六改。

〔二〕侍郎丁鉉王永和　丁鉉，原作「丁鋐」。本書卷三二八瓦剌傳、英宗實錄卷一八一都作「丁鉉」。按本書卷一六七王佐傳附有丁鉉傳，事跡與紀合，據改。

明史卷十一

本紀第十一

景帝

恭仁康定景皇帝，諱祁鈺，宣宗次子也。母賢妃吳氏。英宗卽位，封郕王。

正統十四年秋八月，英宗北狩，皇太后命王監國。丙寅，移通州糧入京師。徵兩畿、山東、河南備倭運糧諸軍入衞，召寧陽侯陳懋帥師還。戊辰，兵部侍郎于謙爲本部尚書。令羣臣直言時事，舉人材。己巳，皇太后詔立皇子見深爲皇太子。卹陣亡將士。庚午，籍王振家。辛未，右都御史陳鎰撫安畿內軍民。壬申，都督石亨總京營兵。乙亥，諭邊將，瓦剌奉駕至，不得輕出。輸南京軍器於京師。修撰商輅、彭時入閣預機務。是月，廣東賊黃蕭養作亂。九月癸未，王卽皇帝位，遙尊皇帝爲太上皇帝，以明年爲景泰元年，大赦天下，免景泰二年田租十之三。甲申，夷王振族。庚寅，處州賊平。癸巳，指揮僉事季鐸奉皇太后命，達於上皇。甲午，祭宣府、土木陣亡將士，瘞遺骸。乙未，總兵官安鄉伯張安討廣州賊，敗死。指揮僉事王清被執，死之。辛丑，給事中孫祥、郎中羅通爲右副都御史，守紫荊、居庸關。甲辰，遣御史十五人募兵畿內、山東、山西、河南。都督同知陳友帥師討湖廣、貴州叛苗。乙巳，遣使奉書上皇。丙午，苗圍平越衞，調雲南、四川兵會王驥討之。參議楊信民爲右僉都御史，討廣東賊。

冬十月戊申，也先擁上皇至大同。壬子，詔諸王勤王。乙卯，于謙提督諸營，石亨及諸將分守九門。丙辰，也先陷紫荊關，孫祥死之，京師戒嚴。丁巳，詔宣府、遼東總兵官，山東、河南、山西、陝西巡撫及募兵御史將兵入援。戊午，也先薄都城，都督高禮、毛福壽敗之於彰義門。己未，右通政王復、太常少卿趙榮使也先營，〔一〕朝上皇於土城。庚申，徵兵於朝鮮，調河州諸衞土軍入援。于謙、石亨等連敗也先衆於城下。壬戌，寇退。甲子，出紫荊關。丁卯，詔止諸王兵。瓦剌可汗脫脫不花使來。辛未，昌平伯楊洪充總兵官，都督孫鏜、范廣副之，剿畿內餘寇。十一月癸未，修沿邊關隘。辛卯，毛福壽爲副總兵，討辰州叛苗。壬辰，上皇至瓦剌。乙未，侍郎耿九疇撫安南畿流民，賜復三年。十二月庚戌，尊皇太后爲上聖皇太后。辛亥，王驥爲平蠻將軍，充總兵官，討貴州叛苗。都督同知董興爲左副總兵，討廣東賊，戶部侍郎孟鑑參贊軍務。癸丑，尊母賢妃爲皇太后。甲寅，立妃汪氏爲皇后。丙辰，大赦。己未，石亨、楊洪、柳溥分練京營兵。戊辰，祭陣亡官軍於西直門外。
是年，琉球中山、占城、烏斯藏、撒馬兒罕入貢。

景泰元年春正月丁丑朔，罷朝賀。辛巳，城昌平。壬午，享太廟。丙戌，大祀天地於南郊。閏月甲寅，瓦剌寇寧夏。癸亥，詔會試取士毋拘額。庚午，大同總兵官郭登敗瓦剌於沙窩，又追敗之於栲栳山，封登定襄伯。是月，免大名、眞定、開封、衞輝被災稅糧。二月戊寅，耕耤田。癸未，懸賞格招陷敵軍民。丙戌，石亨爲鎭朔大將軍，帥師巡大同。都指揮同知楊能充遊擊將軍，巡宣府。壬辰，太監喜寧伏誅。三月己酉，瓦剌寇朔州。辛亥，錄土木死事諸臣後。癸丑，瓦剌寇寧夏、慶陽。乙卯，寇朔州。癸亥，免畿內逋賦及夏稅。

夏四月丙子，廣東都指揮李昇、何貴帥兵捕海賊，戰死。辛巳，瓦剌寇大同，官軍擊却之。丁亥，保定伯梁珤代王驥討貴州叛苗。戊子，大理寺丞李茂錄囚南京，考黜百司，訪軍民利病。丙申，瓦剌寇雁門。己亥，都督同知劉安充總兵官，練兵於保定、眞定及涿、易、通三州，僉都御史曹泰參贊軍務。庚子，振山東饑。辛丑，振畿內被寇州縣。癸卯，瓦剌寇大同，郭登擊却之。五月乙巳，免山西被災稅糧。瓦剌掠河曲、代州，遂南犯，詔劉安督涿、易諸軍禦之。戊申，瓦剌寇雁門，益黃花鎭戍兵衞陵寢。癸丑，董興擊破廣東賊，黃蕭養伏誅。

壬戌，振大同被寇軍民。丙寅，侍郎侯璡、副總兵田禮大破貴州苗。辛未，瓦剌遣使請和。六月壬午，瓦剌寇大同，郭登擊却之。丙戌，也先復擁上皇至大同。丁亥，左都御史陳鎰、王文以鞫太監金英家人不實下獄，尋釋之。戊子，瓦剌寇宣府，都督朱謙、參將紀廣禦却之。戊戌，免山東被災州縣稅糧。己亥，給事中李實、大理寺丞羅綺使瓦剌。

秋七月庚戌，尙書侯璡、參將方瑛破貴州苗，擒其酋獻京師。庚申，右都御史楊善、工部侍郎趙榮使瓦剌。停山西民運糧大同。癸亥，李實、羅綺還。己巳，楊善至瓦剌，也先許上皇歸。八月癸酉，上皇發瓦剌。戊寅，祀社稷。甲申，遣侍讀商輅迎上皇於居庸關。丙戌，上皇還京師，帝迎於東安門，入居南宮，帝帥百官朝謁。庚寅，赦天下。辛卯，刑部右侍郎江淵兼翰林學士，直文淵閣，預機務。九月癸丑，巡撫河南副都御史王來總督湖廣、貴州軍務，討叛苗。

冬十月辛卯，錄囚。癸巳，免畿內逋賦。十一月辛亥，禮部尙書胡濙請令百官賀上皇萬壽節。十二月丙申，復請明年正旦百官朝上皇於延安門。皆不許。

是年，朝鮮貢馬者三。

二年春正月庚戌，大祀天地於南郊。壬子，詔天下朝覲官當黜者運糧口外。二月辛未，釋奠於先師孔子。辛卯，以星變修省，詔廷臣條議寬卹諸政。癸巳，詔畿內及山東巡撫官舉廉能吏專司勸農，授民荒田，貸牛種。三月壬寅，賜柯潛等進士及第、出身有差。

夏四月乙酉，梁珤、王來等破平越苗，獻俘京師。甲午，瓦剌寇宣府馬營，敕遊擊將軍石彪等巡邊。乙未，命石亨選京營兵操練，尚書石璞總督軍務。五月乙巳，城固原。六月戊辰朔，日當食不見。己卯，詔貴州各衞修舉屯田。

秋七月戊申，普定、永寧、畢節諸苗復叛，梁珤等留軍討之。八月壬申，南京地震。辛巳，復午朝。九月乙卯，禁諸司起復。

冬十月己丑，免山西被災稅糧。十二月庚寅，禮部左侍郎王一寧、祭酒蕭鎡兼翰林學士，直文淵閣，預機務。是月，也先弑其主脫脫不花。

是年，安南、琉球中山、瓦剌、哈密入貢。

三年春正月丙午，大祀天地於南郊。二月乙酉，副都御史劉廣衡錄南京囚。戊子，戶部尚書金濂以違詔下獄，尋釋之。三月戊午，毛福壽討湖廣巴馬苗，克之。

夏五月甲午，廢皇太子見深爲沂王，立皇子見濟爲皇太子。廢皇后汪氏，立太子母杭氏爲皇后。封上皇子見清榮王，見淳許王。大赦天下。丙申，築沙灣堤成。辛丑，河南流民復業者，計口給食五年。乙巳，官顏、孟二氏子孫各一人。六月乙亥，罷各省巡撫官入京議事。是月，大雨，河決沙灣。

秋七月乙未，左都御史王翺總督兩廣軍務。壬寅，王一寧卒。八月乙丑，振徐、兗水災。戊辰，都御史洪英，尙書孫原貞、薛希璉等分行天下，考察官吏。丁丑，振兩畿水災州縣，免稅糧。乙酉，振南畿、河南、山東流民。九月庚寅，江淵起復。〔三〕辛卯，以南京地震，兩淮大水，河決，命都御史王文巡視安輯。乙未，振兩畿、山東、山西、福建、廣西、江西、遼東被災州縣。閏月癸未，開處州銀場。是月，福建盜起。

冬十月戊戌，左都御史王文兼翰林學士，直文淵閣，預機務。丙辰，都督孫鏜、僉事石彪協守大同，都督同知衞穎，僉事楊能、張欽協守宣府，備也先。十一月己未朔，日有食之。戊辰，都督方瑛平白石崖諸苗。甲戌，安輯畿內、山東、山西逃民，復賦役五年。是月，免山東及淮、徐水災稅糧。十二月癸巳，始立團營，太監阮讓、都督楊俊等分統之，聽于謙、石亨、太監劉永誠、曹吉祥節制。是月，免河南及永平被災秋糧。

是年，瓦剌、琉球中山、爪哇、暹羅、安南、哈密、烏斯藏入貢。

四年春正月辛未，大祀天地於南郊。二月戊子，五開、淸浪諸苗復叛，梁珤、王來討之。

庚戌，免江西去年被災秋糧。三月戊寅，開建寧銀場。

夏四月戊子，築沙灣決口。運南京倉粟振徐州。五月丁巳，發徐、淮倉振饑民。己巳，王文起復。〔三〕甲戌，徐州復大水，民益饑。發支運及鹽課糧振之。丁丑，發淮安倉振鳳陽。乙酉，沙灣河復決。六月壬辰，吏部尚書何文淵以給事中林聰言下獄，尋令致仕。辛亥，瘞土木、大同、紫荊關暴骸。

秋七月庚辰，停諸不急工役。八月己丑，振河南饑。甲午，也先自立爲可汗。

冬十月庚寅，詔天下鎮守、巡撫官督課農桑。甲午，諭德徐有貞爲左僉都御史，〔四〕治沙灣決河。戊戌，也先遣使來。十一月辛未，皇太子見濟薨。十二月乙未，免山東被災稅糧。乙巳，賚邊軍。

是年，琉球中山、安南、爪哇、日本、占城、哈密、瓦剌入貢。

五年春正月戊午，黃河清，自龍門至於芮城。甲子，大祀天地於南郊。壬申，罷福州、建寧銀場。甲戌，平江侯陳豫、學士江淵撫輯山東、河南被災軍民。二月乙巳，以雨暘弗時，詔修省，求直言。三月壬子，賜孫賢等進士及第、出身有差。辛酉，學士江淵振淮北饑民。王文撫卹南畿。甲子，總督兩廣副都御史馬昂破瀧水猺。庚辰，緬甸執獻思機發。

夏四月壬午朔，日有食之。辛卯，方瑛破草塘苗，封瑛南和伯。五月甲子，禮部郎中章綸、御史鍾同以請復沂王爲皇太子下錦衣衞獄。六月戊子，錄囚。

秋七月癸酉，振南畿水災。八月丁酉，復命天下巡撫官赴京師議事。九月壬戌，免蘇、松、常、揚、杭、嘉、湖漕糧二百餘萬石。

冬十月庚辰，副都御史劉廣衡巡撫浙江、福建，專司討賊。十一月戊午，罷蘇、松、常、鎭織造採辦。十二月，免南畿、浙江被災稅糧。

是年，安南、琉球中山、爪哇入貢。也先爲知院阿剌所殺。

六年春正月戊午，大祀天地於南郊。二月壬午，太監王誠同法司、刑科錄囚。大理少卿李茂等錄南京、浙江囚。

夏四月丙子朔，日有食之。辛巳，敕戶、兵二部及兩畿、山東、河南、浙江、湖廣撫、按、三司官條寬卹事，罷不急諸務。五月己巳，禱雨於南郊。六月乙亥，宋儒朱熹裔孫梴爲翰林院世襲五經博士。癸未，河決開封。

秋七月乙亥，沙灣決口隄成。庚寅，以南京災異屢見，敕羣臣修省。八月庚申，南京大理少卿廖莊以請復沂王爲皇太子，杖於闕下，幷杖章綸、鍾同於獄，同卒。九月乙亥，振蘇、松饑民米麥一百餘萬石。

冬十月戊午，免陝西被災稅糧。十一月乙亥，南和伯方瑛爲平蠻將軍充總兵官，討湖廣苗。十二月己巳，免南畿被災秋糧。

是年，琉球中山、暹羅、哈密、滿剌加入貢。

七年春正月己卯，尙書石璞撫安湖廣軍民。壬午，大祀天地於南郊。二月庚申，皇后崩。甲子，營壽陵。三月戊寅，免雲南被災稅糧。

夏五月戊寅，以水旱災異，敕內外諸臣修省。辛卯，宋儒周敦頤裔孫冕爲翰林院世襲五經博士。六月庚申，葬肅孝皇后。

冬十月癸卯，振江西饑。十二月己亥，方瑛大破湖廣苗。戊午，振畿內、山東、河南水災。癸亥，帝不豫，罷明年元旦朝賀。是冬，免畿內、山東被災稅糧，並蠲逋賦。

是年，琉球中山、撒馬兒罕、烏斯藏入貢。

八年春正月戊辰，免江西被災稅糧。丁丑，帝輿疾宿南郊齋宮。己卯，羣臣請建太子，不聽。壬午，武淸侯石亨、副都御史徐有貞等迎上皇復位。二月乙未，廢帝爲郕王，遷西內，皇太后吳氏以下悉仍舊號。癸丑，王薨於西宮，年三十。諡曰戾。毀所營壽陵，以親王禮葬西山，給武成中衞軍二百戶守護。

成化十一年十二月戊子，制曰：「朕叔郕王踐阼，戡難保邦，奠安宗社，殆將八載。彌留之際，奸臣貪功，妄興讒構，請削帝號。先帝旋知其枉，每用悔恨，以次抵諸奸於法，不幸上賓，未及舉正。朕敦念親親，用成先志，可仍皇帝之號，其議諡以聞。」遂上尊諡。敕有司繕陵寢，祭饗視諸陵。

贊曰：景帝當倥傯之時，奉命居攝，旋正大位以繫人心，事之權而得其正者也。篤任賢能，勵精政治，強寇深入而宗社乂安，再造之績良云偉矣。而乃汲汲易儲，南內深錮，朝謁不許，恩誼恝然。終於輿疾齋宮，小人乘間竊發，事起倉猝，不克以令名終。惜夫！

校勘記

〔一〕右通政王復太常少卿趙榮使也先營　趙榮，原作「王榮」。明史稿紀九景帝紀、英宗實錄卷一八四同。按本書卷一七〇于謙傳、又卷一七七王復傳，國榷卷二八頁一八〇四都作「趙榮」。本書卷一七一楊善傳附有趙榮傳，事跡與紀合。明史稿、英宗實錄顯蒙上文「王復」的「王」字而誤，今改正。

〔二〕九月庚寅江淵起復　按本書卷一〇九宰輔年表、英宗實錄卷二二〇都作「九月奔喪」，宰輔年表作四年「四月還任」，是起復在下一年四月，紀文疑有誤。

〔三〕己巳王文起復　按本書卷一〇九宰輔年表記王文事，作「五月丁憂，九月起復」。英宗實錄卷二二二九繫王文丁母憂奔喪於五月己巳，繫王文起復於九月甲寅。此記起復於五月己巳，合二事爲一，顯有脫訛。

〔四〕諭德徐有貞爲左僉都御史　左僉都御史，本書卷一七一徐有貞傳、國榷卷三一頁一九六六同。明史稿紀九景帝紀及英宗實錄卷二三四均作「右僉都御史」。按本書敍及官銜，「左」「右」往往相混，以後此類不再出校記。

明史卷十二

本紀第十二

英宗後紀

天順元年春正月壬午，昧爽，武清侯石亨，都督張軏、張輗，左都御史楊善，副都御史徐有貞，太監曹吉祥以兵迎帝於南宮，御奉天門，朝百官。徐有貞以原官兼翰林學士，入閣預機務。日中，御奉天殿卽位。下兵部尙書于謙、大學士王文錦衣衞獄。太常寺卿許彬、大理寺卿薛瑄爲禮部侍郎兼翰林學士，入閣預機務。丙戌，詔赦天下，改景泰八年爲天順元年。論奪門迎復功，封石亨忠國公，張軏太平侯，張輗文安伯，楊善興濟伯，曹吉祥嗣子欽都督同知。丁亥，殺于謙、王文，籍其家。陳循、江淵、兪士悅謫戍，蕭鎡、商輅除名。己丑，復論奪門功，封孫鏜懷寧伯，董興海寧伯，欽天監正湯序禮部右侍郎，官舍旂軍晉級者凡三千餘人。辛卯，罷巡撫提督官。壬辰，榜于謙黨人示天下。甲午，殺昌平侯楊俊。二月乙未朔，廢景泰帝爲郕王。庚子，高穀致仕。湯序請除景泰年號，不許。癸卯，吏部侍郎李賢兼翰林學士，入閣預機務。殺都督范廣。戊申，柳溥破廣西蠻。癸丑，郕王薨。戊午，方瑛、石璞大破湖廣苗。召璞還。壬戌，免南畿被災秋糧。三月己巳，復立長子見深爲皇太子，封皇子見潾爲德王，見澍秀王，見澤崇王，見浚吉王。癸酉，封徐有貞武功伯。乙亥，大賚文武軍民。庚辰，賜黎淳等進士及第、出身有差。石亨爲征虜副將軍，剿寇延綏。丁亥，振山東饑。

夏四月甲午朔，以災異數見求直言。乙未，免浙江被災稅糧。丁酉，方瑛攻銅鼓藕洞苗，悉平之。丁未，錄囚。癸丑，罷團營。乙卯，孛來寇寧夏，參將种興戰死。五月辛未，安遠侯柳溥備宣、大邊。是月，以石亨言下御史楊瑄、張鵬獄。六月甲午，下右都御史耿九疇、副都御史羅綺錦衣衛獄。己亥，下徐有貞、李賢錦衣衛獄。是日，大風雨雹，壞奉天門鴟吻，敕修省。庚子，徐有貞、李賢、羅綺、耿九疇謫外任，楊瑄、張鵬戍邊。通政司參議兼侍講呂原入閣預機務。壬寅，薛瑄致仕。癸卯，修撰岳正入閣預機務。甲辰，復李賢爲吏部侍郎。乙巳，巡撫貴州副都御史蔣琳坐于謙黨棄市。

秋七月乙丑，復下徐有貞於獄。丙寅，承天門災。丁卯，躬禱於南郊。戊辰，敕修省。庚午，李賢復入閣。改許彬南京禮部侍郎。辛未，出岳正爲欽州同知，尋下獄，謫戍。癸酉，大赦。癸未，放徐有貞於金齒。辛卯，大賚諸邊軍士。八月甲午，以彗星屢見，躬禱於上帝。九月甲子，太常少卿彭時兼翰林學士，入閣預機務。

冬十月丁酉，賜王振祭葬，立祠曰「旌忠」。壬寅，徵江西處士吳與弼。丙辰，釋建文帝幼子文圭及其家屬，安置鳳陽。十一月甲戌，廣西總兵官朱瑛討田州叛蠻。己丑，免山東被災夏稅。十二月壬辰，封曹欽昭武伯。辛丑，安遠侯柳溥充總兵官，禦孛來於甘、涼。

是年，琉球中山、安南、暹羅、占城、哈密、烏斯藏入貢。

二年春正月辛酉，兵部尚書陳汝言有罪下獄。乙丑，享太廟。甲戌，大祀天地於南郊。己卯，上皇太后尊號。二月戊申，開雲南、福建、浙江銀場。中官市雲南珍寶。閏月己卯，瘞土木暴骸。

夏四月，復設巡撫官。五月壬寅，授處士吳與弼左諭德，辭不拜，尋遣還鄉。

秋七月癸卯，定遠伯石彪爲平夷將軍，充總兵官，禦寇寧夏。八月戊辰，孛來寇鎭番。

冬十月甲子，獵南海子。壬午，武平伯陳友爲征夷將軍，充總兵官，勦寇寧夏。十一月甲寅，免山東秋糧。

是年，安南、烏斯藏、占城、哈密入貢。

三年春正月乙未，大祀天地於南郊。甲辰，定遠伯石彪、彰武伯楊信敗孛來於安邊營，都督僉事周賢、都指揮李鑑戰死。進彪爲侯。〔一〕二月丁卯，遣御史及中官採珠廣東。

夏四月壬子，巡撫兩廣僉都御史葉盛破瀧水瑤。己巳，南和侯方瑛克貴州苗。六月辛酉，復命巡撫官以八月集京師議事。

秋八月庚戌，石彪有罪，下錦衣衞獄。己未，禁文武大臣、給事中、御史、錦衣衞官往來交通，違者依鐵榜例論罪。乙亥，免湖廣被災秋糧。

冬十月己未，幸南海子。庚午，石亨以罪罷。諸奪門冒功者許自首改正。是月，命法司會廷臣，每歲霜降錄囚，後以爲常。十一月癸巳，振湖廣饑。

是年，哈密、琉球中山、錫蘭山、滿剌加入貢。

四年春正月丁亥，大祀天地於南郊。癸卯，石亨有罪下獄，尋死。二月壬子，僮陷梧州。丁卯，石彪棄市。三月庚辰，賜王一夔等進士及第、出身有差。戊戌，免南畿被災秋糧。

夏四月己酉，分遣內臣督浙江、雲南、福建、四川銀課。壬子，襄王瞻墡來朝。五月壬午，免畿內、浙江被災秋糧。己亥，罷中官督蘇、杭織造。六月癸亥，免湖廣被災稅糧。

秋七月乙亥朔，日有食之。辛卯，自五月雨至是月，淮水決，沒軍民田廬，遣使振卹。八月甲子，孛來三道入寇，大同總兵官李文、宣府總兵官楊能禦之。癸酉，孛來入雁門，掠忻、代、朔諸州。九月庚辰，孛來圍大同右衞。庚寅，撫寧伯朱永，都督白玉、鮑政備宣府邊。甲午，免江西被災秋糧。

冬十月甲子，閱京營將領騎射於西苑。戊辰，幸南海子。十一月丁酉，閱隨操武臣騎射於西苑。閏月己未，幸鄭村壩，閱甲仗軍馬。

是年，琉球中山、安南、占城、爪哇、哈密、烏斯藏入貢。

五年春正月庚戌，大祀天地於南郊。二月己卯，免山東被災稅糧。丙申，都督僉事顏彪爲征夷將軍，充總兵官，討兩廣瑤賊。三月壬子，免蘇、松、常、鎭被災稅糧。甲寅，湖廣、貴州總兵官李震會廣西軍剿瑤、僮，悉破之。

夏四月癸巳，兵部侍郎白圭督陝西諸邊，討孛來。五月丁未，免河南被災秋糧。六月丙子，孛來寇河西，官軍敗績。壬午，兵部尚書馬昂總督軍務，懷寧伯孫鏜充總兵官，帥京營軍禦之。

秋七月庚子，總督京營太監曹吉祥及昭武伯曹欽反，左都御史寇深、恭順侯吳瑾被殺，懷寧伯孫鏜帥兵討平之。癸卯，磔吉祥於市，夷其族，其黨湯序等悉伏誅。丁未，免南畿被災稅糧。庚戌，大赦，求直言。丁巳，河決開封，侍郎薛遠往治之。戊午，都督馮宗充總兵官，禦寇於河西，兵部侍郎白圭、副都御史王竑參贊軍務。辛酉，孛來上書乞和。九月壬戌，京師地震有聲。

冬十月壬申，以西邊用兵，令河南、山西、陝西士民納馬者予冠帶。十一月丁酉朔，日有食之。壬戌，幸南海子。

是年，安南、琉球中山、哈密、亦力把里入貢。

六年春正月丁未，大祀天地於南郊。戊申，孛來遣使入貢。二月癸酉，諭孛來。三月癸丑，召馮宗等還。

夏四月壬申，免河南被災秋糧。五月庚子，顏彪討平兩廣諸猺。己未，免陝西被災秋糧。六月戊辰，淮王祁銓來朝。

秋七月，淮安海溢。九月乙未，皇太后崩。

冬十一月甲午，葬孝恭章皇后。

是年，琉球中山、哈密、烏斯藏、暹羅入貢。

七年春正月丙午，大祀天地於南郊。二月壬戌，詹事陳文爲禮部侍郎兼翰林學士，入閣預機務。三月壬寅，旱，詔行寬卹之政，停各處銀場。

夏四月壬午，逮宣、大巡按御史李蕃，荷校於長安門，尋死。丙戌，復遣中官督蘇、杭織造。五月己丑朔，日有食之。甲寅，遼東巡按御史楊璡以擅撻軍職逮治。六月丁卯，逮山西巡按御史韓祺，荷校於長安門，數日死。

秋七月庚戌，免陝西被災稅糧。閏月甲戌，上宣宗廢后胡氏尊諡。戊寅，命湖廣、貴州會師討洪江叛苗。九月甲戌，敕廣東總兵官歐信會廣西兵討猺賊。

冬十月丁酉，振西安諸府饑。丁未，巡撫廣西僉都御史吳楨節制兩廣諸軍，討猺賊。十一月癸酉，賊陷梧州，致仕布政使宋欽死之。〔三〕壬午，下右都御史李賓、副都御史林聰於錦衣衞獄。十二月辛卯，下刑部尚書陸瑜，侍郎周瑄、程信於錦衣衞獄，尋釋之。

是年，琉球中山、哈密、安南、烏斯藏入貢。

八年春正月乙卯，帝不豫。己未，皇太子攝事於文華殿。己巳，大漸，遺詔罷宮妃殉葬。庚午，崩，年三十有八。二月乙未，上尊謚，〔三〕廟號英宗，葬裕陵。

贊曰：英宗承仁、宣之業，海內富庶，朝野清晏。大臣如三楊、胡濙、張輔，皆累朝勳舊，受遺輔政，綱紀未弛。獨以王振擅權開釁，遂至乘輿播遷。乃復辟而後，猶追念不已，抑何其惑溺之深也。前後在位二十四年，無甚稗政。至於上恭讓后謚，釋建庶人之繫，罷宮妃殉葬，則盛德之事可法後世者矣。

校勘記

〔一〕進彪爲侯　此繫於正月，本書卷一〇七功臣世表、英宗實錄卷三〇二繫於四月己巳。

〔二〕致仕布政使宋欽死之　宋欽，原作「宗欽」，據本書卷三一七潯州傳、明史稿紀一〇英宗後紀、英宗實錄卷三五九改。

〔三〕二月乙未上尊謚　二月，原作「三月」，據英宗實錄卷三六一、憲宗實錄卷二改。

明史卷十三

本紀第十三

憲宗一

憲宗繼天凝道誠明仁敬崇文肅武宏德聖孝純皇帝，諱見深，英宗長子也。母貴妃周氏。初名見濬。英宗留瓦剌，皇太后命立爲皇太子。景泰三年，廢爲沂王。天順元年，復立爲皇太子，改名見深。

天順八年正月，英宗崩。乙亥，卽皇帝位。以明年爲成化元年，大赦天下。免明年田租三之一。浙江、江西、福建、陝西、臨淸鎭守內外官，諸邊鎭守內官，正統間所無者悉罷之。下番使者、緝事官校皆召還。二月庚子，始以內批授官。三月甲寅朔，尊皇后爲慈懿皇太后，貴妃周氏爲皇太后。戊午，放宮人。丙寅，毁錦衣衞新獄。庚午，賜彭敎等進士及第、出身有差。癸酉，詔內閣九卿考覈天下方面官。戊寅，復立團營。

夏四月癸未朔，日當食，不見。五月丁巳，大風雨雹，敕羣臣修省。庚申，葬睿皇帝於裕陵。

秋七月壬申，立吳氏爲皇后。八月癸未，御經筵。甲申，命儒臣日講。癸卯，廢皇后吳氏。下太監牛玉於獄。

冬十月壬辰，立王氏爲皇后。甲辰，立武舉法。十二月甲辰，免京官雜犯罪。

是年，兩畿、川、廣、荆、襄盜賊大起，道路不通。安南、烏斯藏入貢。

成化元年春正月乙卯，享太廟。己未，大祀天地於南郊。甲子，都督同知趙輔爲征夷將軍，充總兵官，僉都御史韓雍贊理軍務，討廣西叛猺。二月戊子，祭社稷。甲午，耕耤田。三月庚戌，四川山都掌蠻亂。丁巳，釋奠於先師孔子。

夏五月辛酉，大雨雹。壬戌，避正殿減膳，敕羣臣修省。

秋七月己酉，免天下軍衞屯糧十之三。甲子，振兩畿、浙江、河南饑。八月丁丑，工部侍郎沈義、僉都御史吳琛振撫兩畿饑民。辛巳，瘞暴骸。庚寅，毛里孩犯延綏，總兵官房能敗之。

冬十二月癸卯，撫寧伯朱永爲靖虜將軍，充總兵官，太監唐愼監軍，工部尚書白圭提督軍務，討荆、襄賊。是月，韓雍大破大藤峽瑤，改名峽曰「斷藤」。

是年，琉球、哈密、爪哇、烏斯藏入貢。

二年春正月戊申，罷團營。乙卯，大祀天地於南郊。辛酉，英宗神主祔太廟。二月癸未，禮部侍郎鄒幹巡視畿內饑民。三月甲辰，賜羅倫等進士及第、出身有差。己酉，李賢父卒，乞終制，不許。乙卯，朱永大破荆、襄賊劉通於南漳。閏月癸酉，振南畿饑。乙未，朱永擊擒劉通，其黨石龍遁，轉掠四川。

夏五月癸酉，修撰羅倫以論李賢起復謫福建市舶司提舉。己卯，禁侵損古帝王、忠臣、烈士、名賢陵墓。六月甲辰，趙輔師還。乙巳，免今年天下屯糧十之三。壬子，楊信爲平虜將軍，充總兵官，太監裴當監督軍務，禦寇延綏。

秋七月辛巳，封弟見治爲忻王，見沛徽王。戊戌，毛里孩犯固原。八月丁巳，犯寧夏，都指揮焦政戰死。丁卯，諭祭于謙，復其子冕官。

冬十月丁未，朱永擊擒石龍，賊平，進永爵爲侯。〔一〕十二月甲寅，李賢卒。丙辰，太常寺少卿兼翰林院侍讀學士劉定之入閣預機務。是月，斷藤峽賊復起。

是年，哈密、琉球、安南、烏斯藏、瓦剌入貢。

三年春正月己卯，大祀天地於南郊。丙申，撫寧侯朱永爲平胡將軍，充總兵官，會楊信討毛里孩。二月丁酉朔，日有食之。丁巳，湖廣總兵官李震討破靖州苗。三月戊辰，召商輅爲兵部侍郎，復入閣。己巳，毛里孩犯大同。辛巳，復開浙江、福建、四川、雲南銀場，以內臣領之。

夏四月，四川地屢震，自去年六月至於是月。乙巳，錄囚。癸丑，復立團營。六月戊申，雷震南京午門，敕羣臣修省。辛酉，襄城伯李瑾爲征夷將軍，充總兵官，兵部尚書程信提督軍務，太監劉恒監軍，討山都掌蠻。

秋七月乙酉，停河南採辦。九月辛未，振湖廣、江西饑。

冬十二月庚子，左庶子黎淳追論景泰廢立事，帝曰：「景泰事已往，朕不介意，且非臣下所當言。」切責之。辛丑，杖編修章懋、黃仲昭，檢討莊㫤，謫官有差。是月，程信破山都掌蠻，平之。

是年，琉球、哈密、占城、烏斯藏入貢。朝鮮獻海青、白鵲，諭毋獻。

四年春正月甲戌，大祀天地於南郊。三月甲子，免湖廣被災秋糧。甲申，詔中外勢家毋得擅請田土。

夏四月丁巳，錄囚。陳文卒。五月癸未，遣使錄天下囚。六月丙午，免江西被災秋糧。辛亥，開城賊滿俊反，陝西總兵官寧遠伯任壽、巡撫都御史陳价討之。甲寅，慈懿皇太后崩。

秋七月癸酉，都督同知劉玉爲平虜副將軍，充總兵官，太監劉祥監軍，副都御史項忠總督軍務，討滿俊。八月癸巳，京師地震。乙卯，朱永代劉玉爲總兵官。是月，任壽、陳价、寧夏總兵官廣義伯吳琮及滿俊戰，敗績，都指揮蔣泰、申澄被殺。九月庚申，葬孝莊睿皇后於裕陵。辛酉，振陝西饑。壬申，以地震、星變下詔自責，敕羣臣修省。甲申，給事中董旻、御史胡深等九人請罷商輅及禮部尚書姚夔，下獄，杖之。

冬十月乙未，項忠敗賊於石城，伏羌伯毛忠戰死。十一月，項忠擊擒滿俊，送京師，伏誅。壬戌，毛里孩犯遼東，指揮胡珍戰沒。十二月己酉，遼東總兵官趙勝奏：「十一月初六日，虜賊千餘攻指揮傅斌營，指揮胡珍率軍來援，被賊射死。」毛里孩犯延綏，都指揮僉事許寧擊敗之。

是年，琉球、烏斯藏、哈密、日本、滿剌加入貢。

五年春正月乙丑，大祀天地於南郊。三月辛丑，賜張昇等進士及第、出身有差。夏五月辛丑，禮部侍郎萬安兼翰林院學士，入閣預機務。六月癸丑朔，日有食之。辛酉，錄囚。

秋八月辛酉，劉定之卒。

冬十一月乙未，毛里孩犯延綏。

是年冬，阿羅出入居河套。琉球、哈密、烏斯藏、滿剌加、安南、土魯番入貢。

六年春正月己丑，大祀天地於南郊。己亥，大同總兵官楊信敗毛里孩於胡柴溝。二月辛未，大理寺少卿宋旻，侍郎曾翬、原傑、黃琛，副都御史滕昭巡視畿南、浙江、河南、四川、福建，考察官吏，訪軍民疾苦。其餘直省有巡撫等官者，命亦如之。丁丑，禱雨於郊壇。戊寅，振廣西饑。三月甲申，免湖廣、山東被災稅糧。壬寅，詔延綏屯田。朱永爲平虜將軍，充總兵官，太監傅恭、顧恒監軍，王越參贊軍務，備阿羅出於延綏。

夏五月丙申，振畿內、山東、河南饑。丁酉，王越敗阿羅出於延綏東路。六月戊申朔，日有食之。

秋七月壬午，朱永敗阿羅出於雙山堡。丙戌，都御史項忠、侍郎葉盛振畿輔饑民。都督李杲撫治屯營。甲辰，總兵官房能敗阿羅出於開荒川。是月，免南畿、四川被災稅糧。八月辛亥，振山西饑。癸丑，以水旱相仍，下詔寬卹。冬十月，免畿內、河南、山東被災稅糧。十一月癸未，荆、襄流民作亂，項忠總督河南、湖廣、荆、襄軍務討之。是月，孛羅忽渡河與阿羅出合。十二月庚戌，遣使十四人分振畿輔。

是年，琉球、哈密、烏斯藏入貢。

七年春正月辛巳，命京官五品以上及給事中、御史各舉堪州縣者一人。丙戌，大祀天地於南郊。

夏四月己巳，錄囚。五月辛巳，瘞京師暴骸。

秋八月甲辰，振山東、浙江水災。閏九月己未，浙江潮溢，漂民居、鹽場，遣工部侍郎李顒往祭海神，修築堤岸。

冬十月乙亥，王恕爲刑部侍郎，總理河道。十一月甲寅，立皇子祐極爲皇太子，大赦。己未，荆、襄賊平，流民復業者一百四十餘萬人。十二月甲戌，彗星見，下詔自責，敕羣臣修省，條時政得失。壬午，彗星入紫微垣，避正殿，撤樂，御奉天門聽政。癸未，召朱永還，王越總督延綏軍務。辛卯，減死罪以下。

是年，乩加思蘭入居河套，與阿羅出合。安南黎灝攻占城，破之。琉球、安南入貢。

八年春正月庚戌，大祀天地於南郊。癸亥，皇太子薨。是月，延綏參將錢亮禦毛里孩於安邊營，敗績，都指揮柏隆、陳英戰死。乩加思蘭犯固原、平涼。三月癸丑，賜吳寬等進士及第、出身有差。

夏四月，京師久旱，運河水涸。癸酉，遣使禱於郊社、山川、淮瀆、東海之神。乙酉，錄囚。丁亥，遣使錄天下囚。五月癸丑，武靖侯趙輔爲平虜將軍，充總兵官，節制各邊軍馬，同王越禦乩加思蘭。

秋九月丙午，諭安南黎灝還占城侵地。

冬十一月己酉，寧晉伯劉聚代趙輔爲將軍，屯延綏。十二月癸酉，振京師饑民。

是年，孛羅忽、乩加思蘭屢入安邊營、花馬池，犯固原、寧夏、平涼、臨鞏、環慶，南至通渭。琉球、哈密、安南入貢。

九年春正月丁未，大祀天地於南郊。壬子，劉聚、王越敗乩加思蘭於漫天嶺。是月，土魯番速檀阿力破哈密，據之。

夏四月辛酉朔，日有食之。甲子，福餘三衞寇遼東，總兵官歐信擊敗之。戊辰，盡免山東稅糧。瘞京畿暴骸。壬午，閱武臣騎射於西苑。

秋七月壬辰，巡撫延綏都御史余子俊敗乩加思蘭於榆林澗。九月辛卯，鎭守浙江中官李義杖殺寧波衞指揮馬瑋，詔勿問。庚子，王越襲滿都魯、孛羅忽、乩加思蘭於紅鹽池，大破之。諸部漸出河套。

冬十一月丁酉，復閱騎射於西苑。

是年，免湖廣、畿內、山西、南畿、陝西被災稅糧。振畿內、陝西饑，振山西者再，山東者三。哈密、琉球、暹羅入貢。

十年春正月丁亥朔，振京師貧民。丁酉，大祀天地於南郊。癸卯，王越總制延綏、甘肅、寧夏三邊，駐固原。丙午，召劉聚還。三月，免南畿、湖廣被災秋糧。

夏五月戊申，申藏妖書之禁。是月，免山西、陝西被災秋糧。閏六月乙巳，築邊牆自紫城砦至花馬池。〔二〕

秋七月甲寅，免江西被災秋糧。八月辛卯，都督同知趙勝爲平虜將軍，充總兵官，太監劉恒、覃平監軍，討乩加思蘭。九月癸丑朔，日有食之。乙卯，免南畿水災秋糧。

冬十一月丙子，免河南被災稅糧。十二月己丑，罷寶慶諸府採金。甲午，錄妖書名示天下。

是年，琉球、烏斯藏、土魯番入貢。

十一年春正月癸亥，大祀天地於南郊。二月甲申，禁酷刑。三月壬子，賜謝遷等進士及第、出身有差。辛未，彭時卒。

夏四月乙酉，吏部侍郎劉珝、禮部侍郎劉吉並兼翰林學士，入閣預機務。壬辰，乾清門災。己亥，錄囚。五月癸酉，免湖廣被災秋糧。

秋八月辛巳，浚通惠河。丁亥，滿都魯、乩加思蘭遣使來朝。九月丁未朔，日有食之。

冬十一月癸丑，立皇子祐樘爲皇太子，大赦。十二月戊子，復郕王帝號。丁酉，申自宮之禁。

是年，土魯番、琉球、暹羅、滿剌加、安南入貢。命琉球貢使二年一至。

校勘記

〔一〕進永爵爲侯　此繫於成化二年十月丁未，本書卷一七三朱謙傳附朱永傳繫於成化元年秋，又卷一〇七功臣世表繫於成化三年正月壬申，憲宗實錄卷三八同。似以作三年正月較可信。

〔二〕築邊牆自紫城砦至花馬池　紫城砦，憲宗實錄卷一三〇作「紫垣砦」，國榷卷三七頁二三四三作「紫金砦」。

明史卷十四

本紀第十四

憲宗二

十二年春正月辛亥，南京地震有聲。戊午，大祀天地於南郊。二月乙亥朔，日有食之。甲午，敕羣臣修省。三月壬子，減內府供用物。壬戌，李震大破靖州苗。夏五月丁卯，副都御史原傑撫治荊、襄流民。庚申，錄囚。秋七月庚戌，黑眚見。乙丑，躬禱天地於禁中，以用度不節、工役勞民、忠言不聞、仁政不施四事自責。戊辰，遣使錄天下囚。

冬十月辛巳，京師地震。十一月，巡撫四川都御史張瓚討灣溪苗，破之。十二月己丑，置鄖陽府，設行都司衞所，處流民。

是年，土魯番、撒馬兒罕、琉球、烏斯藏入貢。

十三年春正月庚戌，大祀天地於南郊。己巳，置西廠，太監汪直提督官校刺事。夏四月，汪直執郎中武清、樂章，太醫院院判蔣宗武，行人張廷綱，浙江布政使劉福下西廠獄。五月甲戌，執左通政方賢下西廠獄。丙子，大學士商輅、尚書項忠請罷西廠，從之。六月甲辰，罷項忠爲民。庚戌，復設西廠。丁巳，商輅致仕。

秋八月壬戌，錦衣衞官校執工部尚書張文質繫獄，帝知而釋之。

冬十月戊申，復立哈密衞於苦峪谷，給土田牛種。十一月，張瓚破松潘疊溪苗。

是年，免浙江、山東、河南、江西、福建被災稅糧。振山東、南畿州縣饑。安南、琉球、烏斯藏、暹羅、日本入貢。滿都魯、乩加思蘭各遣使貢馬。

十四年春正月甲戌，大祀天地於南郊。三月戊辰，免浙江被災秋糧。己卯，賜曾彥等進士及第、出身有差。辛巳，罷烏撒衞銀場。丙戌，復開遼東馬市。丁亥，以浙江饑罷採花木。

夏四月丁酉，免南畿、山東被災秋糧。六月癸卯，太監汪直行遼東邊。

秋七月丁丑，遣使振畿南、山東饑。八月癸巳，以直隸、山東災傷，詔六部條卹民事宜。

南京刑部侍郎金紳巡視江西水災。庚戌，免湖廣被災秋糧。甲寅，下巡撫蘇、松副都御史牟俸於錦衣衛獄，謫戍。十二月甲午，免畿內被災秋糧。

是年，占城、烏斯藏、撒馬兒罕入貢。

十五年春正月丁卯，大祀天地於南郊。辛巳，振山東饑，免秋糧。二月，免湖廣被災秋糧。甲寅，詔修開國勳臣墓，無後者置守塚一人。

夏四月丙午，免南畿被災稅糧。壬子，下駙馬都尉馬誠於錦衣衛獄。五月壬戌，汪直劾侍郎馬文升，下文升獄，謫戍。癸酉，以馬文升、牟俸事，杖給事中李俊、御史王濬五十六人於闕下。己卯，免湖廣、河南被災稅糧。

秋七月癸酉，汪直行大同、宣府邊。

冬十月丁亥，撫寧侯朱永爲靖虜將軍，充總兵官，汪直監軍，禦伏當加。十二月辛未，論功封朱永保國公，加汪直歲祿，陞賞者二千六百餘人。是月，免四川、江西被災稅糧。

是年，琉球、安南、烏斯藏入貢。

十六年春正月甲午，大祀天地於南郊。丁酉，保國公朱永爲平虜將軍，充總兵官，王越提督軍務，汪直監軍，禦亦思馬因於延綏。二月癸酉，免湖廣被災稅糧。戊寅，王越襲亦思馬因於威寧海子，破之。三月戊子，以歲歉減光祿寺供用物。

夏六月癸丑，禁勢家侵占民田。

秋八月辛酉，申存卹孤老之令。

冬十二月庚申，亦思馬因犯大同。丙寅，朱永、汪直、王越帥京軍禦之。是月，總督兩廣軍務都御史朱英、總兵官平鄉伯陳政討廣西瑤，破之。

是年，免兩畿、湖廣、河南、山東、雲南被災稅糧。琉球、暹羅、蘇門答剌、土魯番、撒馬兒罕入貢。

十七年春正月丙戌，大祀天地於南郊。二月壬戌，覈天下庫藏出納之數。是月，免浙江、山西被災稅糧。三月辛卯，賜王華等進士及第、出身有差。

夏四月庚申，以久旱風霾敕羣臣修省。戊辰，諭法司愼刑獄。太監懷恩同法司錄囚，自是每五歲遣內臣審錄以爲常。癸酉，亦思馬因犯宣府。五月己亥，汪直監督軍務，王越爲平胡將軍，充總兵官，禦之。

秋七月甲戌，免南畿被災秋糧。甲午，命所在鎭守總兵、巡撫聽汪直、王越節制。

冬十月壬戌，振河南饑。十一月戊子，取太倉銀三分之一入內庫。

是年，安南、占城、滿剌加、烏斯藏入貢。安南黎灝侵老撾宣慰司，賜敕諭之。

十八年春正月壬午，大祀天地於南郊。庚寅，劉吉起復。〔一〕三月己巳朔，振南畿饑。壬申，罷西廠。

夏四月癸丑，罕慎復哈密城。甲子，免山西被災夏稅。五月，免山東、南畿被災稅糧。

六月壬寅，亦思馬因犯延綏，汪直、王越調兵禦敗之。

秋八月癸丑，遣使振畿內、山東饑。辛酉，免河南被災稅糧。閏月壬申，倉副使應時用請罷饒州燒造御器內臣，下獄，贖還職。

冬十一月，免畿內、陝西、遼東被災秋糧。十二月庚午，御製文華大訓成。

是年，琉球、哈密、暹羅、土魯番、烏斯藏入貢。

十九年春正月丙午，大祀天地於南郊。三月丙辰，免湖廣被災稅糧。

夏四月丁丑，免河南被災稅糧。六月乙亥，汪直有罪，調南京御馬監。丁丑，陳政破廣西瑤。

秋七月辛丑，迤北小王子犯大同。癸卯，總兵官許寧禦之，敗績。己未，朱永爲鎭朔大將軍，充總兵官，帥京軍禦之。八月甲子，犯宣府，巡撫都御史秦紘、總兵官周玉禦却之。乙丑，戶部侍郎李衍、刑部侍郎何喬新巡視邊關。壬申，謫汪直爲奉御，其黨王越、戴縉等貶黜有差。是月，朱永敗寇於大同、宣府。

冬十月壬申，召朱永還。

是年，撒馬兒罕貢獅子。

二十年春正月庚寅，京師地震。壬辰，敕羣臣修省。詔減貢獻，飭備邊，罷營造，理冤獄，寬銀課、工役、馬價，卹大同陣亡士卒。丁酉，大祀天地於南郊。三月庚寅，賜李旻等進士及第、出身有差。己酉，太監張善監督軍務，定西侯蔣琬充總兵官，同總督尙書余子俊備大同、宣府。

夏四月戊午，錄囚。五月甲午，再錄囚，減死罪以下。六月，免南畿、陝西被災稅糧。

秋九月乙酉朔，日有食之。是月，寇復入居河套。是秋，陝西、山西大旱饑，人相食。停歲辦物料，免稅糧，發帑轉粟，開納米事例振之。

冬十月丁巳，杖刑部員外郎林俊、都督府經歷張黻，並謫官。癸酉，罷雲南元江諸府銀坑。十二月，免山西、河南被災夏稅。

是年，安南、日本、琉球、哈密、土魯番入貢。

二十一年春正月甲申朔，星變。丙戌，詔羣臣極言時政。庚寅，赦天下。乙未，大祀天地於南郊。乙巳，遣侍郎李賢、何喬新、賈俊振陝西、山西、河南饑。二月己未，放免傳奉文武官五百六十餘人。丁丑，免陝西被災稅糧。

夏四月戊午，以泰山屢震遣使祭告。壬戌，轉漕四十萬石，振陝西饑。是月，免南畿、山東被災稅糧。五月壬戌，京師地震。丙子，振京師饑民。六月辛巳，令武臣納粟襲職。癸未，詔盛暑祁寒廷臣所奏毋得過五事。

秋八月己卯朔，日有食之。九月甲子，劉珝致仕。

冬十月，免山東、山西、河南、陝西、四川被災稅糧。十一月丙寅，京師地震。十二月甲申，詹事彭華爲吏部左侍郎兼翰林學士，入閣預機務。甲午，振南畿饑。是冬，小王子犯蘭州、莊浪、鎮番、涼州。

是年，哈密、烏斯藏入貢。

二十二年春正月己未，大祀天地於南郊。乙丑，免河南被災秋糧。二月庚辰，免畿南及湖廣被災秋糧。

夏四月乙未，凊畿內勳戚莊田。六月，免南畿、陝西被災稅糧。乙亥，敕羣臣修舉職業。甲午，諭法司愼刑。

秋七月，小王子犯甘州，指揮姚英等戰死。九月，免河南、廣東被災稅糧。丁卯，兵部左侍郎尹直爲戶部侍郎兼翰林學士，入閣預機務。

冬十一月癸丑，占城爲安南所侵，王子古來來奔。十二月，免江西、廣西被災稅糧。

是年，哈密、琉球入貢。

二十三年春正月，免陝西、湖廣被災稅糧。庚戌，大祀天地於南郊。二月乙酉，副都御史邊鏞、通政司參議田景賢巡視大同諸邊。三月丁未，彭華致仕。丁巳，賜費宏等進士及第、出身有差。癸亥，免山東被災稅糧。

夏四月乙亥，免浙江被災秋糧。五月乙卯，旱，遣使分禱天下山川。丙辰，敕羣臣修省。是月，朶顏三衞避那孩入遼東，令駐牧近邊，給米布。〔三〕六月，免陝西、南畿被災秋糧。

秋七月戊申，封皇子祐杬爲興王，祐棆岐王，祐檳益王，祐楎衡王，祐橒雍王。八月庚辰，帝不豫。甲申，皇太子攝事於文華殿。己丑，崩，年四十有一。九月乙卯，上尊謚，廟號憲宗，葬茂陵。

贊曰：憲宗早正儲位，中更多故，而踐阼之後，上景帝尊號，卹于謙之寃，抑黎淳而召商輅，恢恢有人君之度矣。時際休明，朝多耆彥，帝能篤於任人，謹於天戒，蠲賦省刑，閭里日益充足，仁、宣之治於斯復見。顧以任用汪直，西廠橫恣，盜竊威柄，稔惡弄兵。夫明斷如帝而爲所蔽惑，久而後覺，婦寺之禍固可畏哉。

校勘記

〔一〕庚寅劉吉起復　按本書卷一〇九宰輔年表作「正月丁憂，七月起復」，憲宗實錄卷二二三正月庚寅條作「令吉奔喪，安葬畢日起復」，此記正月庚寅起復，是合「丁憂」「起復」爲一事，顯有脫訛。

〔二〕是月至給米布　是月，卽五月，明史稿紀一一憲宗紀、憲宗實錄卷二九一均繫於六月己巳。